Johann Szierbeck

iMovie

Filme schneiden am Mac, iPhone und iPad

10 Jahre amac-buch Verlag (seit 2005)

amac
BUCH VERLAG

Johann Szierbeck

iMovie

Filme schneiden am Mac, iPhone und iPad

Copyright © 2015 amac-buch Verlag
10 Jahre amac-buch Verlag (seit 2005)

ISBN 978-3-95431-037-1

Hergestellt in Deutschland

Trotz sorgfältigen Lektorats schleichen sich manchmal Fehler ein. Autoren und Verlag sind Ihnen dankbar für Anregungen und Hinweise!

amac-buch Verlag
Erlenweg 6
D-86573 Obergriesbach
E-Mail: info@amac-buch.de
http://www.amac-buch.de
Telefon +49(0) 82 51/82 71 37
Telefax +49(0) 82 51/82 71 38

Inhalt

Kapitel 2 – iMovie auf den iOS-Geräten — 103

Kapitel 3 – iCloud und iMovie Theater

Kapitel 4 – iMovie Mac vs. iMovie iOS

Index

Vorwort

„Web 2.0" ist das Stichwort, das seit einigen Jahren in aller Munde ist. Damit wird die Entwicklung des Internets in den letzten Jahren beschrieben. Die Internetseiten sind nicht mehr statisch, sondern multimedial aufbereitet, und dazu gehören auch Videos. Besonders die Internetplattform YouTube ist ganz vorne mit dabei. Tausende von Videos werden täglich hochgeladen und von Millionen Menschen angesehen. Dabei sind es nicht immer nur Amateurfilme, die ins Netz gestellt werden, sondern teilweise richtig hochwertig geschnittene Videos. Vielleicht haben Sie sich schon mal gefragt, wie man so etwas zustande bringt. Die Antwort lautet: Natürlich mit einem Videoschnittprogramm. Davon gibt es besonders im Profibereich eine ganze Menge, die jedoch meist kostspielig und wirklich nur von Profis zu bedienen sind. Für Sie kommt hier das kostenlose Programm iMovie zum Tragen.

iMovie gibt es nicht nur für den Mac, sondern auch für die iOS-Geräte iPhone, iPad und iPod touch. Jeder Käufer eines neuen Macs, iPhones oder iPads erhält das Programm kostenlos dazu. Es bietet neben der schnellen und einfachen Bearbeitung von Filmen auch professionelle, aber trotzdem leicht zu bedienende Funktionen wie etwa Titeleinblendungen und Bild-in-Bild-Effekte.

Durch die Verwendung von Vorlagen und die sehr einfache Bedienung wird der Schnitt eines Films zu einer Angelegenheit von wenigen Minuten. Sie können aber auch professionell mit dem Programm arbeiten. Dafür ist besonders die Mac-Version prädestiniert, da sie eine Vielzahl von Video- und Audioeffekten besitzt. Sogar die Farbdarstellung kann beeinflusst werden.

Das Programm macht aber vor dem Erstellen von Filmen nicht halt. So können Sie auch hollywoodreife Trailer für die Ankündigung einer Videoshow oder als Aufmacher für Blogbeiträge mit wenigen Arbeitsschritten erstellen. Daneben besitzt das Programm eine integrierte Weitergabe der Filme an die prominenten Internetplattformen wie YouTube oder Facebook. Und mit der Anbindung an iCloud können die Filme sogar mit Apple TV auf einem HD-Fernseher betrachtet werden.

Dieses Buch zeigt Ihnen, wie Sie mit iMovie auf dem Mac sowie den iOS-Geräten Filme und Trailer erstellen und aufwerten. Dabei werden die einzelnen Funktionen der verschiedenen iMovie-Versionen genau erklärt. Auch das Thema iCloud kommt nicht zu kurz.

Bleibt mir nur noch, Ihnen zu wünschen: Viel Spaß beim Lesen und Arbeiten mit iMovie!

Johann Szierbeck

Oktober 2015

Kapitel 1 iMovie auf dem Mac

iMovie für den Mac gibt es bereits seit 2008. Früher war es Bestandteil des iLife-Pakets, wurde aber zu einem späteren Zeitpunkt von Apple aus dem Paket ausgekoppelt. In diesem Kapitel lesen Sie alles über die Bedienung von iMovie auf dem Mac. Neben den zahlreichen Videoeffekten und Schnittfunktionen werden Sie auch das Verwalten der einzelnen Clips und Filme kennenlernen.

iMovie auf dem Mac: Die Arbeitsoberfläche

Bevor Sie beginnen, Filme mit iMovie zu schneiden, sollten Sie sich mit der Arbeitsoberfläche vertraut machen. Wenn Sie das Programm starten, erscheinen zunächst viele einzelne Bereiche wie z. B. Werkzeugleisten, Videoclips etc. in einem einzigen Fenster. Als Konsequenz daraus wird das gesamte Programm mit den Inhalten beendet, sobald Sie das Programmfenster schließen.

Es gibt also keine eigenen Dokumentenfenster wie beispielsweise in Microsoft Word, wo Sie zwischen geöffneten Dokumenten hin- und herwechseln können.

Das Programmfenster von iMovie ist in mehrere Bereiche aufgeteilt, mit denen wir uns im Laufe des Buches genauer beschäftigen werden:

Das Programmfenster von iMovie.

❶ *Mediatheken:* Diese Spalte enthält alle Dateien, Bibliotheken, Projekte und Filme, die mit iMovie erstellt wurden bzw. auf die iMovie Zugriff hat. Die Spalte kann entweder über das Menü *Fenster –> Mediatheken ausblenden* oder mit der Tastenkombination *Befehl + Shift + 1* ein- und ausgeblendet werden.

❷ *Filme und Clips:* Hier sehen Sie alle Filme und Clips der jeweiligen Projekte.

❸ *Vorschau:* Ein Bereich mit einer Vorschau des Films bzw. Clips, der gerade bearbeitet wird. Zusätzlich kann er noch Bearbeitungsfunktionen für die aktuellen Clips oder Bilder enthalten.

❹ *Timeline* oder *Schnittbereich:* In diesem Bereich werden die einzelnen Clips zu einem Film zusammengestellt, überblendet und bearbeitet. Er dient nicht nur zum Schneiden von Videomaterial, sondern auch zur Audiobearbeitung.

❺ *Inhaltsmediathek:* Die Inhaltsmediathek enthält die wichtigsten Einfügefunktionen zum Erstellen eines Films. Dort findet man z. B. die *Übergänge* oder *Toneffekte,* die in einem Film zum Einsatz kommen können.

❻ *Symbolleiste:* Diese Leiste enthält Funktionen zum Erstellen und Bearbeiten von Filmen. Des Weiteren können Sie zum *iMovie Theater* wechseln, das alle Filme enthält, die bei iCloud gesichert sind. Um schnell zwischen der *Mediathek* und dem *Theater* zu wechseln, können Sie die Taste *1* für die *Mediathek* und die Taste *2* für das *Theater* verwenden.

❼ *Anwendungsleiste:* In dieser Leiste werden die verschiedenen Kategorien für die Bearbeitung der Audio- und Videoclips aufgelistet. Sie ist permanent sichtbar und kann auch nicht ausgeblendet werden

Das sind die Hauptbestandteile des iMovie-Fensters. Die Besonderheiten und die Bedienung der einzelnen Bereiche werden Sie Laufe dieses Buches noch näher kennenlernen.

 Sie können im iMovie-Fenster die Bereiche mit den Projekten und Filmen und die Timeline auch vertauschen. Dann hätten Sie den Schnittbereich links neben der Vorschau. Dazu müssen Sie die Funktion **Projekte und Ereignis vertauschen** aus dem Menü **Fenster** verwenden.

Material importieren

Der erste Schritt beim Arbeiten mit iMovie ist das Importieren von Videomaterial. Das Videomaterial kann von verschiedenen Quellen importiert werden. iMovie unterstützt Camcorder mit USB- oder FireWire-Anschluss. Sie können aber auch Filme direkt von einem USB-Stick oder der Festplatte in iMovie hinzufügen.

Neben dem Import von Videomaterial von einem angeschlossenen Camcorder können Sie in iMovie auch direkt Videos aufnehmen. Wenn Ihr Mac eine integrierte iSight-Kamera oder eine angeschlossene Webcam besitzt, dann können Sie das Videomaterial mit iMovie direkt auf die Festplatte speichern. Das ist besonders für Anwender interessant, die täglich Podcastbeiträge erstellen wollen.

Grundsätzliches zur Hardware

Beim Importieren von Videomaterial sollten Sie bedenken, dass die Videodaten sehr viel Speicherplatz auf der internen Festplatte brauchen. Das Videomaterial im DV-Format (Standardformat für Camcorder) benötigt für eine Stunde Aufnahme circa 13 GB Speicherplatz und Material im HD-Format sogar circa 40 GB pro Stunde. Ihre Festplatte sollte deshalb ausreichend Platz für den Import zur Verfügung haben. Sie können als Speicherziel aber auch eine externe Festplatte anschließen, wenn Ihr Mac intern nicht über so viel freien Festplattenplatz verfügt oder Sie diesen für etwas anderes benötigen.

Grundsätzliches zu Aufzeichnungsformaten

Viele neue Kameras zeichnen die Filme im AVCHD-Format auf. Dieses Format kann auch von iMovie verarbeitet werden. Allerdings benötigen Sie zum Import von AVCHD-Material einen Mac, der mindestens mit einem Intel-based Core Duo Prozessor ausgestattet ist. Apple listet auf seiner Website die Kameras auf, die mit iMovie zusammenarbeiten. Die Adresse lautet *https://support.apple.com/de-de/HT204202*.

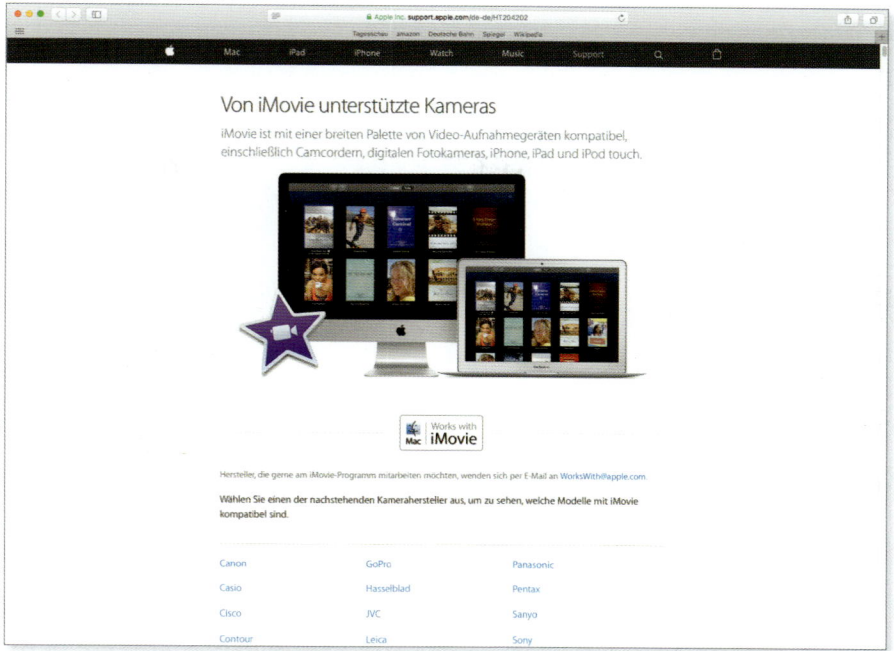

Apple hält eine Internetseite parat, auf der Sie überprüfen können, ob Ihre Kamera mit iMovie kompatibel ist.

Importfenster

Wenn Sie iMovie das erste Mal starten, werden Sie feststellen, dass das Arbeitsfenster zunächst ziemlich leer aussieht. Das wird sich aber im Anschluss ändern. Im Fenster werden Sie von iMovie bereits jetzt aufgefordert, Videomaterial zu importieren. Für den Import von einem Camcorder oder einem iPhone oder iPad müssen diese natürlich zuerst angeschlossen werden.

Eine Kamera anschließen

iMovie unterstützt sowohl USB- als auch FireWire-Geräte. Dabei ist es egal, ob Sie FireWire 400 oder 800 benutzen, beide Anschlüsse funktionieren mit iMovie reibungslos. Sobald die Kamera angeschlossen und dabei auch eingeschaltet ist, öffnet iMovie normalerweise automatisch das Importfenster. Falls sich das Importfenster aus irgendeinem Grund nicht von selbst öffnet, können Sie auch auf die Schaltfläche *Medien importieren* ❶ oder *Import* ❷ in der Symbolleiste klicken oder die Funktion *Medien importieren (cmd + I)* aus dem Menü Ablage wählen.

Material importieren

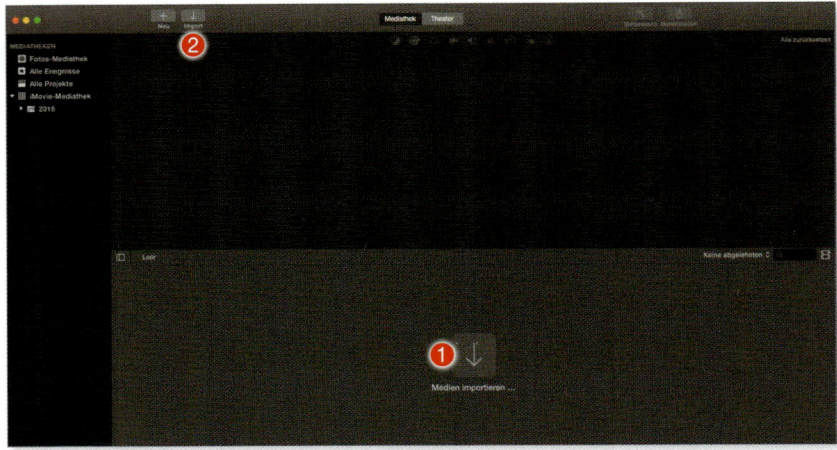

Nach dem ersten Start ist das iMovie-Fenster noch leer. Zuerst muss das Videomaterial importiert werden.

Für das Importieren wird ein eigenes Fenster verwendet, das die verschiedenen Funktionen für den Import parat hat. Das Fenster ist in mehrere Bereiche aufgeteilt.

Das Importfenster von iMovie.

Zuerst müssen Sie die Importquelle ❶ auswählen. Die linke Spalte listet im Bereich *Kameras* alle angeschlossenen und von iMovie erkannten Kameras auf. Falls Sie ein iPhone angeschlossen haben, wird es dort eingeblendet, das Gleiche gilt auch für normale Videokameras. Alternativ zum Import von einer Kamera können Sie Filme auch von einer Festplatte oder von weiteren angeschlossenen

Speichermedien wie einem USB-Stick importieren. Diese werden im Bereich *Geräte* aufgeführt.

Nach der Auswahl der Quelle wird deren Inhalt im unteren Bereich ❷ angezeigt. Da iMovie nicht nur Filme, sondern auch Bilder importiert, können Sie die Anzeige verändern, indem Sie rechts oben im Menü ❸ die Anzeigeoption von *Videos* auf *Fotos* oder *Alle Clips* ändern.

 Falls Sie Videos oder Fotos bereits in Fotos importiert haben, müssen Sie diese nicht noch einmal in iMovie hinzufügen. iMovie hat direkten Zugriff auf die Bibliothek von Fotos. Ein erneutes Importieren ist also nicht nötig.

Die Darstellungsgröße der einzelnen Clips kann auch noch geändert werden. Dazu öffnen Sie das Menü bei ❹ und wählen anschließend eine andere Größe aus. Dort haben Sie auch die Option, bereits importierte Clips auszublenden.

Damit Sie sich besser entscheiden können, welches Material Sie importieren wollen, können Sie Filme und Fotos in der Vorschau ❺ anzeigen lassen, sobald sie ausgewählt sind. Dort lassen sich die Filme auch abspielen.

Ein wichtiger Punkt beim Import ist die Wahl des Speicherorts für die importierten Clips. iMovie organisiert das Material hierarchisch in Mediatheken, Ereignissen, Filmen und Clips – exakt in dieser Reihenfolge. Die Mediathek ist die oberste Instanz und enthält die Ereignisse. Diese wiederum enthalten die Filme, die aus den unterschiedlichen Clips zusammengesetzt sind. Beim Import müssen Sie nun entscheiden, in welche Mediathek und in welches Ereignis die Daten importiert werden sollen. Im oberen Bereich des Importfensters finden Sie die Funktion *Importieren nach* ❻. Dort können Sie eine Mediathek bzw. ein Ereignis auswählen oder ein neues Ereignis erstellen.

 Neue Mediatheken können im Importfenster nicht erstellt werden. Das geht nur im Hauptfenster von iMovie.

Wohin sollen die neuen Clips importiert werden?

Material importieren

Um nun die Clips oder Fotos zu importieren, müssen Sie zuerst eine Auswahl treffen. Einen einzelnen Clip wählen Sie mit einem Mausklick aus. Die Auswahl erkennen Sie an der gelben Umrandung des Clips. Möchten Sie mehrere auswählen, dann drücken Sie die *cmd-* oder *Shift*-Taste, während Sie einen Clip anklicken. Haben Sie die gewünschten Filme bzw. Fotos ausgewählt, klicken Sie auf die Schaltfläche *Auswahl importieren* rechts unten.

> **!** Wollen Sie das gesamte Material einer Quelle importieren, heben Sie die Auswahl der Clips wieder auf. Das erreichen Sie entweder mit der Tastenkombination **cmd + Shift + A** oder indem Sie auf eine freie Stelle innerhalb der Clipübersicht klicken. Sobald keine Clips mehr markiert sind, wird aus der Schaltfläche rechts unten die Funktion **Alle importieren**.

Der komplette Importvorgang kann, je nach Menge und Länge des gewählten Materials, etwas Zeit in Anspruch nehmen. Sie können aber während des Imports ganz normal in iMovie weiterarbeiten. Ob ein Clip bereits importiert ist oder nicht, erkennen Sie an dem kleinen Kreissymbol. Ist der Kreis sichtbar, dann ist der Clip noch nicht importiert.

Der dunkle Kreis links unten kennzeichnet einen noch nicht importierten Clip.

Nach Abschluss des Imports stehen Ihnen alle Clips zur Weiterverarbeitung zur Verfügung. Sie sind im jeweiligen Ereignis in der *Mediatheken*-Spalte aufgelistet.

Alle Clips sind nun importiert und befinden sich im entsprechenden Ereignis in der beim Import festgelegten Mediathek.

Mediatheken, Ereignisse und Clips

Die schönsten Videos und Bilder nützen nichts, wenn sie ungeordnet herumliegen. Aus diesem Grund bietet iMovie mehrere Methoden zur Organisation der Daten an. Dabei verwendet das Programm für die Verwaltung eine hierarchische Struktur, ähnlich der Dateiverwaltung des Rechners.

An oberster Stelle stehen die Mediatheken, sie enthalten die Ereignisse. Eine Mediathek könnte z. B. die Ereignisse eines Jahres enthalten oder die Einträge eines Videoblogs. Die Ereignisse enthalten dann wiederum die fertigen Filme und die importierten Clips. Eine Mediathek könnte z. B. wie im folgenden Bild aussehen:

Eine Mediathek mit Ereignissen.

Die Mediathek trägt den Namen „Urlaub" und enthält Ereignisse, die nach Jahren sortiert stattfanden und von denen es Filme gibt. Auf diese Weise lassen sich die Filmdaten perfekt verwalten.

Eine neue Mediathek erstellen

Das Anlegen einer neuen Mediathek ist sehr einfach. Gehen Sie dazu über das Menü und wählen Sie *Ablage –> Mediathek öffnen –> Neu*. Nun müssen Sie nur noch den Namen der Mediathek bestimmen und auf *Sichern* klicken.

> **!** Mediatheken werden automatisch im Ordner **Filme** innerhalb des **Benutzerordners** gespeichert. Dieser Speicherort muss nicht unbedingt beibehalten werden. Eine neue Mediathek kann auch auf einem externen Speichermedium erstellt werden.

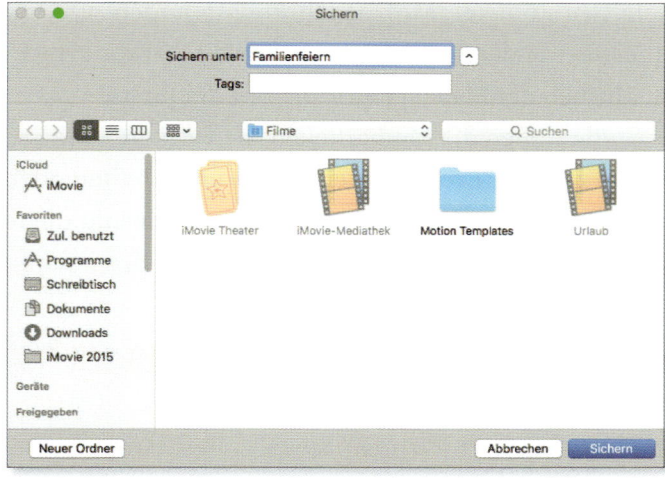

Neue Mediatheken werden automatisch im Ordner „Filme" gesichert.

Eine Mediathek umbenennen

Der Name einer Mediathek kann jederzeit geändert werden. Normalerweise wird der Name beim Erstellen der Mediathek festgelegt. Wollen Sie den Namen nachträglich ändern, müssen Sie die Mediathek in iMovie auswählen und anschließend die *Return*-Taste drücken. Dadurch wird der Name markiert und lässt sich somit überschreiben. Die Eingabe des neuen Namens bestätigen Sie mit einem erneuten Drücken der *Return*-Taste.

> **!** Nicht nur der Name der Mediathek wird in iMovie geändert, sondern auch der Dateiname der Mediathek auf der Festplatte.

Eine Mediathek löschen

Das Löschen einer Mediathek ist in iMovie nicht vorgesehen, was durchaus sinnvoll ist. Wenn Sie nämlich eine Mediathek löschen, sind auch alle Ereignisse, Projekte und Clips verschwunden, die in der Mediathek enthalten sind. Aus diesem Grund gibt es kein direktes Löschen einer Mediathek in iMovie. Es gibt aber trotzdem einen Weg!

Eine Mediathek kann zwar nicht direkt in iMovie entfernt werden, aber im Finder. Öffnen Sie den Ordner, in dem die Mediathek gespeichert ist (normalerweise *Filme*). Anschließend müssen Sie nur die Datei der Mediathek in den Papierkorb legen und diesen dann entleeren. Auf diese Weise werden die Mediathek und deren Ereignisse aus iMovie gelöscht.

Eine Mediathek kann nur über den Finder gelöscht werden.

> **!** Löschen Sie eine Mediathek erst, wenn iMovie geschlossen ist, da in iMovie die Mediathek ansonsten noch aufgelistet ist, obwohl sie schon gelöscht ist. Nach einem Neustart von iMovie ist dann auch die entfernte Mediathek nicht mehr aufgelistet.

Ein neues Ereignis erstellen

Ereignisse sind den Mediatheken untergeordnet, aus diesem Grund müssen Sie zuerst eine Mediathek in iMovie markieren, bevor Sie ein neues Ereignis anlegen. Mit der Funktion *Neues Ereignis* aus dem Menü *Ablage* oder mit der Tastenkombination *alt + N* entsteht ein neues Ereignis, das als Name automatisch das aktuelle Datum verwendet. Dieser Name kann auf Wunsch sofort überschrieben werden.

Ein neues Ereignis kann sofort umbenannt werden.

Ein Ereignis umbenennen

Ein Ereignis lässt sich genauso einfach umbenennen wie eine Mediathek. Zuerst müssen Sie das entsprechende Ereignis auswählen und im Anschluss drücken Sie die *Return*-Taste. Der Name ist nun markiert und kann überschrieben werden. Ein erneutes Drücken der *Return*-Taste bestätigt die Umbenennung.

Ereignisse löschen

Im Gegensatz zur Mediathek können Ereignisse direkt in iMovie gelöscht werden. Als Erstes müssen Sie natürlich das Ereignis markieren, das Sie entfernen wollen. Danach verwenden Sie die Funktion *Ereignis in den Papierkorb bewegen* aus dem Menü *Ablage*. Alternativ dazu können Sie auch die Tastenkombination *cmd + Backspace* (Löschen nach links) verwenden.

In den Papierkorb legen bedeutet im Zusammenhang mit Ereignissen ein end-
gültiges Löschen! Sie können ein gelöschtes Ereignis nicht wieder aus dem Papierkorb herausnehmen und weiterverwenden. Das geht nur mit einzelnen Filmclips.

Ereignisse zusammenlegen

Besonders beim Importieren von Filmen kann es sehr schnell passieren, dass die
Clips in verschiedenen Ereignissen liegen und man sie danach mühsam manuell
sortieren muss. Es könnte aber auch sein, dass Filme und Clips auf unterschiedliche Ereignisse verteilt sind und Sie nun alles in einem Ereignis zusammenlegen
wollen. Für diesen Fall hat iMovie eine Funktion parat.

Sie können jederzeit Ereignisse zusammenlegen und somit deren Projekte,
Filme und Clips gemeinsam verwalten. Das Zusammenlegen von Ereignissen
kann auf zwei verschiedene Weisen erfolgen. Am einfachsten geht es, wenn Sie
ein Ereignis nehmen und auf ein anderes legen. Das war's schon!

Für den anderen Weg müssen Sie zuerst die Ereignisse, die zusammengelegt
werden sollen, mit gedrückter *cmd-* oder *Shift*-Taste markieren. Anschließend
wählen Sie die Funktion *Ereignisse zusammenführen* aus dem Menü *Ablage*.

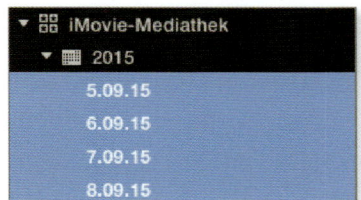 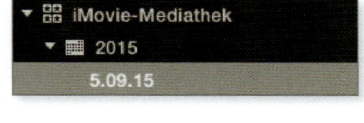

Mehrere Ereignisse können zu einem zusammengelegt werden.

Clips

Clips stehen auf der untersten Stufe in der iMovie-Verwaltung. Sie sind nichts
anderes als die einzelnen Filme, die in iMovie importiert wurden. Die Clips sind
immer mindestens einem Ereignis zugeordnet. Einen Clip ohne dazugehöriges
Ereignis gibt es in iMovie nicht. Etwas Ähnliches trifft auch auf die Ereignisse
zu. Ein Ereignis ohne Mediathek gibt es auch nicht.

Clips können nicht nur in einem Ereignis vorkommen bzw. verwendet werden.
Sie lassen sich beliebig kopieren und verschieben und auf mehrere Ereignisse
verteilen.

Die Clips werden als kleine Filmschnipsel im unteren Bereich des iMovie-Fensters angezeigt, wenn man ein Ereignis markiert hat. Die Darstellungsgröße und auch die angezeigte Länge der Clips lassen sich einstellen. Besonders wenn sehr viele Clips angezeigt werden, ist es hilfreich, deren Darstellungsgröße zu verändern, um eine bessere Übersicht zu bekommen. Dazu müssen Sie auf das kleine Filmsymbol ▦ rechts oben in der Clipdarstellung klicken. Dort finden Sie einen Regler für die *Clipgröße* und einen für den *Zoom*. Der erste ändert die Miniaturgröße und der zweite die Anzeigelänge der Clips.

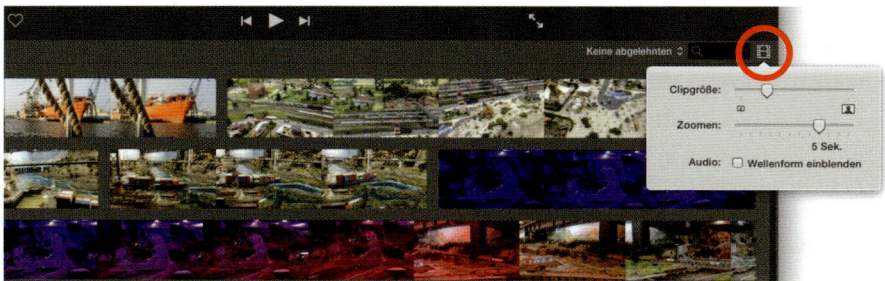

Die Anzeigegröße und -länge der Clips kann geändert werden.

Clips verschieben und kopieren

Die Videoclips lassen sich ganz einfach per Drag & Drop vom Clipfenster in ein anderes Ereignis verschieben. Zuerst wählen Sie die gewünschten Clips mit gedrückter cmd-Taste aus und dann ziehen Sie sie auf das gewünschte Ereignis. Damit werden die ausgewählten Clips einem anderen Ereignis zugeordnet.

Clips können ganz einfach verschoben werden.

Wenn Sie Clips nicht verschieben, sondern kopieren wollen, drücken Sie während des Verschiebens zusätzlich die *alt*-Taste. Beim Mauscursor erscheint dann zusätzlich das Pluszeichen als Hinweis für das Kopieren.

> ! Wenn Sie einen Clip in eine andere iMovie-Mediathek verschieben, entsteht immer eine Kopie.

Alternativ zum Verschieben mit der Maus können Sie auch die Funktionen *Clip in Mediathek bewegen* und *Clip in Mediathek kopieren* aus dem Menü *Ablage* verwenden. Dort können Sie dann auch direkt mit den markierten Clips eine neue Mediathek erstellen lassen.

Clips löschen

Clips können in iMovie auch wieder entfernt werden, wenn Sie beispielsweise den falschen Clip von der Kamera importiert oder kopiert haben. Für das Löschen muss der Clip markiert werden. Die Auswahl eines ganzen Clips sollten Sie immer mit gedrückter *cmd*-Taste durchführen, da ansonsten nur ein Teil des Clips markiert und auch nur dieser gelöscht wird. Wenn der Clip ausgewählt ist, wählen Sie die Funktion *In Papierkorb* aus dem Menü *Ablage* oder verwenden Sie die Tastenkombination *cmd + Backspace*.

Eine Sicherheitsabfrage gewährleistet, dass ein Clip nicht aus Versehen gelöscht wird.

> ! Im Gegensatz zu gelöschten Ereignissen werden gelöschte Clips in den Papierkorb des Finders gelegt und können dort auch wieder herausgenommen werden. Nur ein Entleeren des Papierkorbs löscht den Clip endgültig.

Favoriten und abgelehnte Clips

Der Import von Videos in iMovie ergibt unter Umständen sehr viele Clips. Um die Übersicht über die Clips nicht zu verlieren bzw. die Clips, die nicht benötigt werden, zu entfernen, können Sie sich der Funktion der *Favoriten* bedienen. Mit dieser Funktion lassen sich die gewünschten Clips auswählen und die unerwünschten ausblenden.

Um einen Clip zu den Favoriten hinzuzufügen oder als unerwünscht zu kennzeichnen, muss er zuerst ausgewählt werden. Ein Mausklick auf einen Clip im Fenster markiert aber nicht den ganzen Clip, sondern nur einen Vier-Sekunden-Ausschnitt. Man müsste nun den Ausschnitt verlängern, um den gesamten Clip auszuwählen. Diese Arbeit können Sie sich aber sparen, wenn Sie einen Clip mit gedrückter *cmd*-Taste anklicken. Dadurch wird automatisch der gesamte Clip markiert.

> **!** Um einen gesamten Clip zu markieren, können Sie auch die Taste **X** drücken, während Sie mit dem Mauscursor über dem Clip sind.

Ein positiver Effekt der *cmd*-Taste ist auch die Mehrfachauswahl von Clips. Wenn Sie also bei gedrückter *cmd*-Taste einen zweiten Clip anklicken, sind beide markiert. Alternativ können Sie auch die *Shift*-Taste für die Mehrfachauswahl verwenden. Mit dieser Taste werden aber die Clips zusammenhängend ausgewählt. Wenn Sie z. B. den ersten Clip markieren und dann bei gedrückter *Shift*-Taste den fünften, sind auch die dazwischen liegenden Clips ausgewählt.

> **!** Selbstverständlich muss nicht der ganze Clip markiert werden, um ihn als Favorit oder unerwünscht zu kennzeichnen. Sie können den Clip mit dem gelben Auswahlrahmen beliebig beschneiden (siehe Seite 37) und nur den ausgewählten Teil als Favorit oder unerwünscht kennzeichnen.

Ist der gewünschte Clip bzw. Clipausschnitt gewählt, muss er nur noch gekennzeichnet werden. Sie können entweder aus dem Menü *Markieren* die gewünschte Funktion oder eine der folgenden Tasten verwenden.

- *Favorit:* Die erste Funktion kennzeichnet den ausgewählten Clip als Favorit. Wenn Sie sie auswählen, erhält der Clip eine grüne Markierung. Sie können aber auch die *Taste F* drücken, um einen Clip als Favorit zu kennzeichnen. Die grüne Linie kennzeichnet den Clip als zu den Favoriten zugehörig.

Ein favorisierter Clip erhält eine grüne Linie.

- *Ablehnen:* Mit dieser Funktion werden ausgewählte Clips als unerwünscht markiert. Die Clips erhalten eine rote Markierung, das Kennzeichen für unerwünschte Clips. Die Tastenkombination für unerwünschte Clips ist die Taste *Backspace*.

Abgelehnte Clips erhalten eine rote Linie.

- *Keine Wertung:* Diese Funktion kann die Zugehörigkeit zu den Favoriten oder den abgelehnten Clips wieder entfernen. Auch hierfür gibt es eine Taste, die *Taste U*. Die grüne bzw. rote Kennzeichnung verschwindet damit auch wieder.

 Eine sehr elegante Methode, um Clips auszuwählen und zu kennzeichnen, ist das Kontextmenü. Ein Klick mit der rechten Maustaste auf einen Clip markiert den gesamten Clip und öffnet das Kontextmenü, in dem sich die drei verschiedenen Kennzeichnungen befinden.

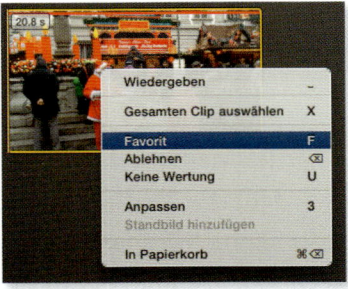

Das Kontextmenü enthält auch die drei Kennzeichnungsmöglichkeiten.

Nun, da Sie gelernt haben, wie man einzelne Clips kennzeichnet, sollen Sie auch erfahren, wie man die verschieden gekennzeichneten Clips ein- und ausblendet. Der Sinn und Zweck der Kennzeichnung ist ja, Ordnung in die Clipübersicht zu bekommen. Oben rechts finden Sie ein kleines Menü mit dieser Funktion, um z. B. nur die Favoriten einzublenden.

Legen Sie fest, welche Clips in der Übersicht dargestellt werden sollen.

Filme erstellen

Nach dem Importieren und Organisieren der Videoclips ist es an der Zeit, die einzelnen Clips zu einem ganzen Film zusammenzustellen. Dafür müssen Sie in iMovie einen neuen Film produzieren. Ein Film enthält nichts anderes als Clips, die in einer vom Anwender gewählten Reihenfolge angeordnet sind und mit Überblendungen und Effekten versehen werden.

 Filme sind immer einem Ereignis untergeordnet und ein Bestandteil davon. Ein Film benötigt also immer ein Ereignis. Ein Ereignis kann dabei beliebig viele Filme oder Trailer enthalten.

Neue Filme

Die Filme werden in iMovie in der Mediathek bzw. in den Ereignissen verwaltet und können dort angelegt werden. Die Mediathek befindet sich standardmäßig links im iMovie-Fenster. Falls sie nicht sichtbar sein sollte, können Sie sie mit der Funktion *Mediathek einblenden* aus dem Menü *Fenster* einblenden.

Für das Anlegen eines neuen Films finden Sie in der Symbolleiste des iMovie-Fensters eine Schaltfläche in Form eines großen Pluszeichens mit der Bezeichnung *Neu*. Ein Mausklick auf diese Schaltfläche öffnet ein kleines Menü zum Anlegen eines neuen Films oder Trailers. Alternativ dazu können Sie auch die Tastenkombination *cmd + N* drücken oder aus dem Menü *Ablage* die Funktion *Neuer Film* wählen.

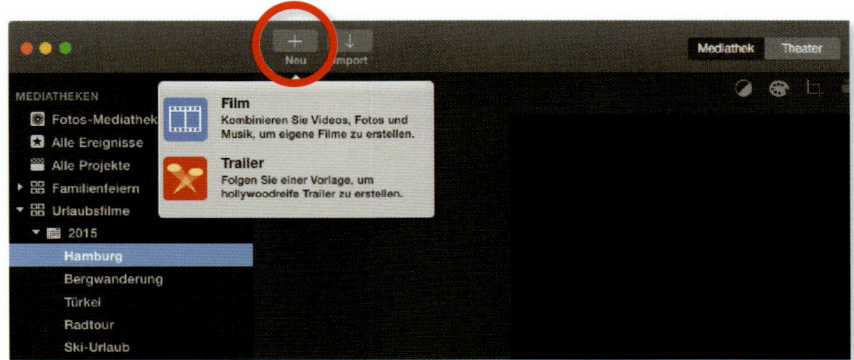

Ein neuer Film entsteht.

 iMovie bietet auch eine Funktion mit dem Namen **Trailer** an. Damit können Sie kurze und knackige Filme für die Ankündigung eines Videoabends oder eines Events erstellen. Genaueres über diese Funktion erfahren Sie auf Seite 92.

Im nächsten Arbeitsschritt müssen Sie ein *Thema* für den Film wählen. Mit einem Thema entstehen besonders eindrucksvolle Videos. iMovie fügt damit automatisch effektvolle Szenen und Anordnungen hinzu, die dem Projekt einen professionellen Touch geben. Wollen Sie die Übergänge und Titel selbst festlegen, dann wählen Sie *Kein Thema*. Ein Thema kann jederzeit nachträglich zugewiesen werden. Dazu müssen Sie die *Filmeigenschaften* (*cmd + J*) aus dem Menü *Fenster* öffnen und dort dann die *Einstellungen* ändern.

Bedenken Sie bei der Auswahl eines Themas, dass die Überblendungen und Titeleinblendungen vorgegeben und Änderungen teilweise sehr umständlich durchzuführen sind.

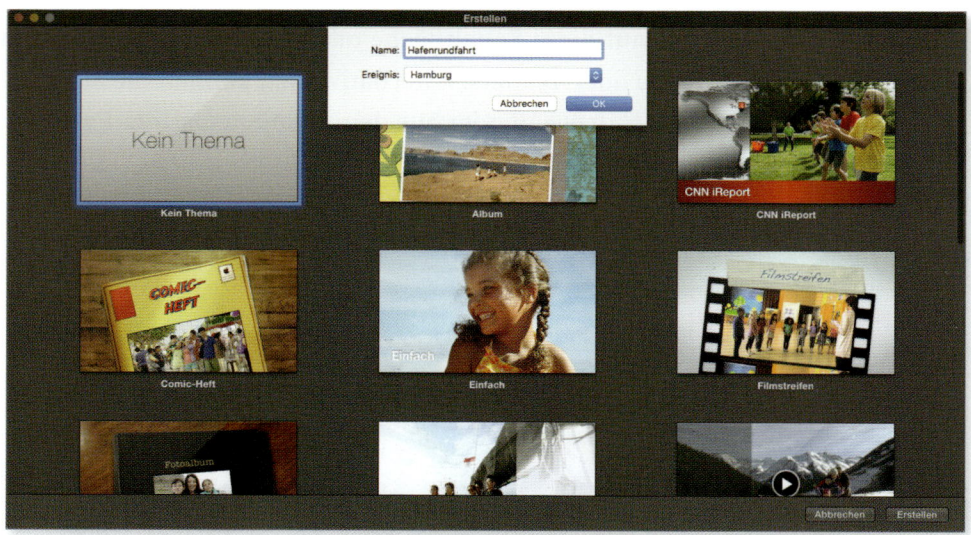

Das Thema, der Name und der Ablageort für den Film müssen festgelegt werden.

Nach der Auswahl des Themas und dem Klick auf *Erstellen* müssen noch der Name für den Film vergeben und der Speicherort bestimmt werden. Wie bereits weiter vorne erwähnt, gehört ein Film immer zu einem Ereignis. Aus diesem Grund muss als Ablageort auch ein *Ereignis* gewählt werden. Nach der Eingabe des Namens und des Speicherorts wird der neue, aber noch leere Film im iMovie-Fenster beim entsprechenden Ereignis angezeigt.

Der neue Film ist angelegt und kann mit Clips gefüllt werden.

> **!** Falls ein Film im falschen Ereignis angelegt wurde, ist das halb so schlimm. Nehmen Sie den Film und schieben Sie ihn auf ein anderes Ereignis. Auch der Name lässt sich nachträglich sehr schnell ändern. Klicken Sie auf den Namen des Films, damit dieser markiert wird. Anschließend können Sie den Namen einfach überschreiben.

Clipvorschau

Ein Ereignis in der Mediathek umfasst in der Regel eine große Anzahl von Clips. Bevor man nun die Clips in einen Film legt, sollte das Clipmaterial gesichtet werden. Dafür hat iMovie einige Vorschaufunktionen und einen eigenen Vorschaubereich, genannt *Viewer*.

Sie haben bestimmt schon festgestellt, dass das Bewegen der Maus über einen Clip eine schnelle Anzeige im Viewer rechts oben zur Folge hat. Eine weiße Linie, der Abspielkopf, kennzeichnet dabei die Stelle innerhalb des Clips, die im Vorschaubereich angezeigt wird. Durch das Bewegen der Maus nach links und rechts wird der Clip schnell vorwärts bzw. rückwärts abgespielt. iMovie bietet auch eine Vorschau, die in normaler Geschwindigkeit arbeitet.

Um nur den ausgewählten Bereich eines Clip im Viewer abzuspielen, müssen Sie die Funktion *Auswahl wiedergeben* aus dem Menü *Darstellung* wählen. Oder Sie verwenden dazu die *Taste Ü*.

Man kann auch alle Clips nacheinander wiedergeben bzw. einen einzelnen ganzen Clip. Dafür brauchen Sie nur die *Leertaste* zu drücken. Damit werden ab der aktuellen Position des Abspielkopfs die Clips nacheinander im Viewer angezeigt. Ein erneutes Drücken der Leertaste stoppt die Wiedergabe. iMovie besitzt dafür auch eine Steuerleiste, die innerhalb des Viewers angezeigt wird. Die Steuerleiste bietet die gewohnten Funktionen zum Starten, Stoppen und Spulen des Clips.

Die Steuerleiste im Vorschaubereich.

Die Größe des Viewers ist von der Größe des iMovie-Fensters abhängig. Wenn Sie also das iMovie-Fenster vergrößern oder verkleinern, ändert sich auch die Größe des Viewers. Manchmal wäre es aber besser, den gesamten Monitor für eine Vorschau zu verwenden. Auch hierfür bietet iMovie eine Möglichkeit.

Ein Film oder die Clips eines Ereignisses können im Vollbildmodus angezeigt werden. iMovie blendet für den Vollbildmodus den gesamten Hintergrund aus, und der Anwender sieht die Clips in voller Monitorgröße. Den Vollbildmodus können Sie über das Menü *Darstellung –> Auf gesamtem Bildschirm wiedergeben* (*cmd + Shift + F*) aktivieren. Alternativ dazu gibt es auch eine Schaltfläche in der Abspielsteuerung. Zum Beenden des Vollbildmodus können Sie die *esc*-Taste drücken.

Mit dieser Taste in der Steuerleiste können Sie den Vollbildmodus aktivieren.

Einen ganzen Clip zum Film hinzufügen

Nach dem Anlegen eines Films muss dieser im nächsten Arbeitsschritt mit Videoclips bestückt werden. Wie von iMovie gewohnt, ist dieser Vorgang sehr einfach zu bewerkstelligen.

Zuerst wählen Sie den gewünschten Clip aus, am besten mit gedrückter *cmd*-Taste, damit der gesamte Clip markiert wird. Anschließend verschieben Sie ihn per Drag & Drop ins Timeline-Fenster. Fertig!

Eine Alternative dazu ist die Verwendung der *Taste E* oder die Funktion *Zum Film hinzufügen* aus dem Menü *Bearbeiten*. Natürlich lassen sich auch mehrere Clips gleichzeitig hinzufügen. Für die Mehrfachauswahl stehen Ihnen zwei Tasten zur Verfügung: Sie können entweder die *cmd-Taste* für eine nicht zusammenhängende Auswahl verwenden oder die *Shift-Taste* für eine durchgehende Auswahl.

Per Drag & Drop wird ein Clip zum Film hinzugefügt.

> **!** Wenn Sie einen Clip in einen Film legen, erstellt iMovie eine Verknüpfung zum Clip. Dadurch lassen sich die Videoclips für mehrere Filme innerhalb des Ereignisses verwenden. Beim Entfernen eines Clips aus dem Film wird dieser dadurch auch nicht gelöscht. Es wird nur die Verknüpfung zum Originalclip entfernt.

Es gibt noch eine Methode, um einen Clip in den Film zu platzieren. Wenn Sie einen Clip ausgewählt haben, erscheint im Clip ein kleines Plussymbol. Ein Klick auf dieses Symbol fügt den Clip dem Film hinzu.

Ein ausgewählter Clip kann auch mit diesem Symbol eingefügt werden.

Die Clips, die in einem Projekt verwendet werden, sind im Clipfenster mit einer orange Linie markiert. Dadurch kann der Anwender sehr leicht erkennen, welche Clips bereits platziert wurden. Falls diese orange Linie nicht erscheint, aktivieren Sie die Funktion *Verwendete Medienbereiche einblenden* aus dem Menü *Darstellung*.

Clips, die bereits in einem Film platziert wurden, werden mit einer orangen Linie gekennzeichnet.

Ausschnitte eines Clips verwenden

Nicht immer wird der gesamte Clip für den Film benötigt. Sehr oft will man nur einen Ausschnitt einfügen. Auch das ist mit iMovie möglich. Dafür gibt es zwei unterschiedliche Vorgehensweisen.

4-Sekunden-Ausschnitt

Sicherlich haben Sie beim Arbeiten mit den Clips bereits bemerkt, dass beim Anklicken eines Clips eine kleine Linie erscheint. Diese Linie kennzeichnet eigentlich die Position des Abspielkopfs für die Vorschau. Sie steht aber auch für die Auswahl eines 4-Sekunden-Ausschnitts zum Platzieren im Film. Was bedeutet das?

Das bedeutet, vom Beginn der Linie ausgehend wird ein vier Sekunden langer Clipausschnitt automatisch ausgewählt und kann mit einem Mausklick auf das Plussymbol in den aktuellen Film hinzugefügt werden. Diese Funktion ist nützlich, wenn Sie z. B. sehr schnelle Szenenwechsel aus unterschiedlichen Clips im Film zusammenfassen wollen.

Ist der Abspielkopf platziert, kann mit dem Pluszeichen ein 4-Sekunden-Ausschnitt hinzugefügt werden.

Aber warum sind es genau vier Sekunden? Das ist die Grundeinstellung von iMovie. Standardmäßig werden Clipausschnitte und auch Fotos, die als Standbilder verwendet werden, in einer Länge von vier Sekunden eingefügt. Diese Grundeinstellung kann aber von Ihnen geändert werden. Falls Sie also lieber mit 2-Sekunden-Abschnitten arbeiten wollen, ist das kein Problem. Dazu müssen Sie die *Filmeigenschaften* (*cmd + J*) aus dem Menü *Fenster* öffnen. Die Filmeigenschaften öffnen sich direkt oberhalb des Vorschaubereichs. Danach klicken Sie auf die Schaltfläche *Einstellungen*. Nun sehen Sie links einen Schieberegler mit der Bezeichnung *Clips*, der für die Länge der Clips zuständig ist. Die Cliplänge kann stufenweise um jeweils eine halbe Sekunde verlängert oder verkürzt werden.

In den „Filmeigenschaften" (oben) befindet sich die Einstellung für die Länge der Clips (unten).

> **!** Denken Sie bitte daran, die Cliplänge vor dem Einfügen der Clips in den Film festzulegen. Eine nachträgliche Änderung der Einstellung hat keine Auswirkung auf bereits platzierte Clipausschnitte.

Markierte Ausschnitte platzieren

In einem Clip lassen sich auch beliebig lange Ausschnitte für das Platzieren in einem Film auswählen. Dazu müssen Sie mit gedrückter Maustaste innerhalb des Clips einen Rahmen aufziehen. Der ausgewählte Bereich wird durch einen gelben Rahmen gekennzeichnet. Ein Mausklick auf das Plussymbol fügt den Ausschnitt in den aktuellen Film ein.

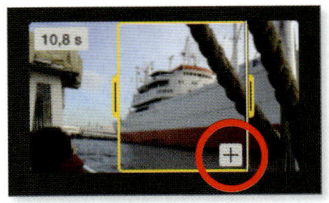

Auch markierte Bereiche in einem Clip können in den Film eingefügt werden.

Der Auswahlbereich im Clip lässt sich nachträglich justieren. Die linke und die rechte Begrenzung der Auswahl können Sie mit der Maus verschieben. Sobald Sie mit der Maus auf die Ränder zeigen, ändert sich der Mauscursor in einen horizontalen Doppelpfeil. Wenn Sie nun die Maustaste drücken und halten, können Sie den Auswahlbereich verlängern bzw. verkürzen.

Während Sie die Auswahl bearbeiten, erscheint oberhalb der Begrenzung ein kleines Feld, das die aktuelle Länge anzeigt. So können Sie bis auf die zehntel Sekunde genau die Auswahl bestimmen.

Die Auswahl kann an den Rändern verändert werden.

> **!** Die Justierung des Auswahlbereichs im Clip ist eine etwas grobe Methode zur Bestimmung eines Filmabschnitts. Wesentlich genauer geht es mit dem Clip-Trimmer. Dieser kommt aber erst zum Einsatz, wenn der Clip im Film platziert ist. Näheres zum Clip-Trimmer erfahren Sie auf Seite 37.

Clips und Bilder von Fotos-Mediathek verwenden

Wie bereits in Kapitel 2 „Import" erwähnt, hat iMovie eine Schnittstelle zu Fotos. Das bedeutet, dass Sie Zugriff auf alle Bilder und Filme von Fotos haben und diese natürlich in Ihren Filmen verwenden können. Die *Fotos-Mediathek* finden Sie an erster Stelle in der *Mediatheken*-Spalte. Sollte die Spalte ausgeblendet sein, so aktivieren Sie die Funktion *Mediatheken einblenden* (*cmd + Shift + 1*) aus dem Menü *Fenster*.

In iMovie haben Sie auch Zugriff zur Fotos-Mediathek.

Sobald Sie die Fotos-Mediathek ausgewählt haben, erscheint dessen Inhalt im Clipbereich. Dort können Sie dann noch genau bestimmen, welche Kategorien der Mediathek angezeigt werden. Standardmäßig erscheinen die *Jahre* von Fotos. Wollen Sie z. B. zu den Alben wechseln, klappen Sie links oben das Menü aus und wechseln die Kategorie.

Die Verwendung bzw. das Hinzufügen der Dateien funktioniert genauso wie bei importierten Clips. Sie wählen den Clip oder das Foto aus und ziehen es mit der Maus in Ihren Film. Der Clip bzw. das Foto wird damit nicht nur zu Ihrem aktuellen Film hinzugefügt, sondern auch in das entsprechende iMovie-Ereignis.

Filme und Bilder von „Fotos" können problemlos eingefügt werden.

Clips anordnen und löschen

Die Reihenfolge der einzelnen Videoclips im Film kann zu jedem Zeitpunkt geändert werden. Damit wird natürlich auch die Abspielfolge der Clips geändert. Zum Verschieben müssen Sie einen oder auch mehrere Clips auswählen und dann per Drag & Drop an die gewünschte Position schieben.

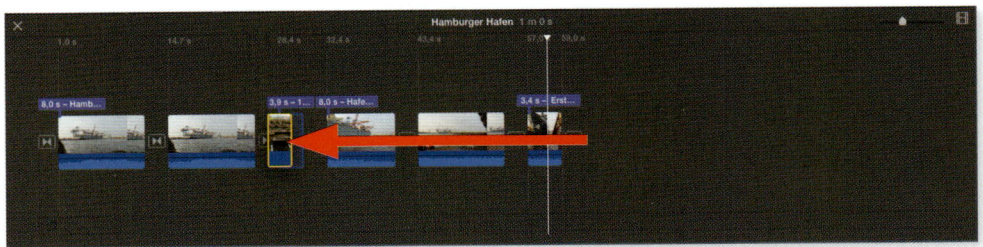

Um die Reihenfolge der Clips im Film zu ändern, muss man sie nur verschieben.

> **!** Um mehrere Clips im Film gleichzeitig auszuwählen, können Sie mit der Maus einfach einen Rahmen um die Clips ziehen. Jeder Clip, der den Rahmen berührt, wird ausgewählt.

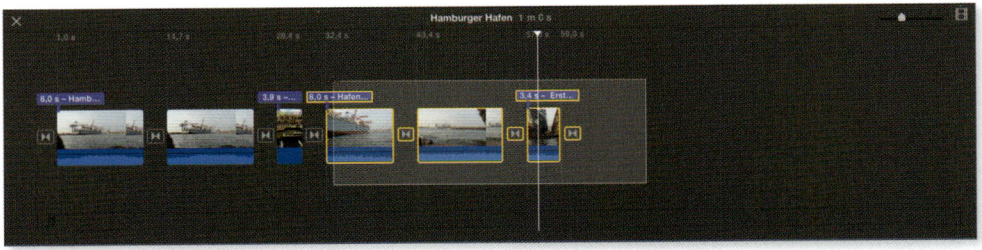

Mehrere Clips kann man mit einem aufgezogenen Rahmen auswählen.

Genauso leicht wie das Verschieben ist das Löschen von Clips im Film. Wie immer muss der Clip zuerst ausgewählt werden. Danach drücken Sie einfach die Taste *Backspace*. Daraufhin wird der Clip ohne Nachfrage aus dem Film entfernt. Alternativ zur Tastenkombination können Sie auch die Funktion *Löschen* aus dem Menü *Bearbeiten* verwenden.

> **!** Der Clip ist nur aus dem Film entfernt worden, aber nicht aus dem iMovie-Ereignis. Vor dort aus kann er wieder platziert werden. Also keine Angst, wenn Sie in der Timeline einen Clip löschen!

Der Clip-Trimmer

Da das Trimmen im Clipfenster sehr grob ist, hat iMovie noch eine spezielle Funktion für das Trimmen, den Clip-Trimmer. Er kann ausschließlich für die Clips im Timeline-Bereich verwendet werden. Sie müssen einen Clip also zuerst in die Timeline hinzufügen, bevor Sie ihn mit dem Clip-Trimmer bearbeiten können.

Um den Clip-Trimmer zu öffnen, wählen Sie einen Clip in der Timeline aus und drücken anschließend die Tastenkombination *cmd + R* oder wählen die Funktion *Clip-Trimmer einblenden* aus dem Menü *Fenster* aus. Alternativ dazu können Sie auch das Kontextmenü (rechter Mausklick) verwenden. Der Clip-Trimmer wird dann über dem Clip eingeblendet.

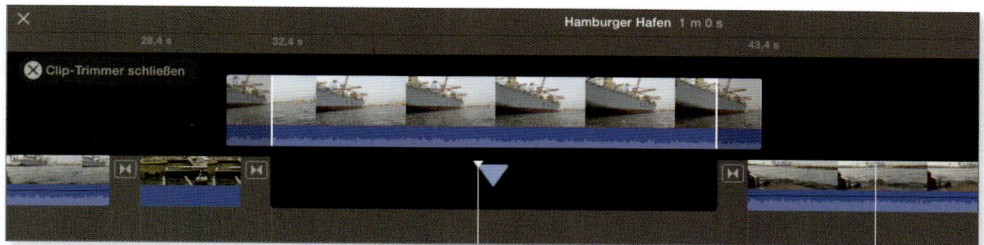

Der Clip-Trimmer ist aktiviert.

Nun können Sie damit beginnen, den Clip zu kürzen, zu verlängern oder den Ausschnitt zu verschieben. Wollen Sie z. B. die Länge des Clips beibehalten, aber einen anderen Ausschnitt haben, nehmen Sie den Clip im Trimmer in der Mitte und verschieben Sie ihn nach links bzw. rechts. Sie können an dem veränderten Mauscursor erkennen, dass der Clip verschoben wird.

Im Clip-Trimmer kann der sichtbare Teil eines Clips verschoben werden.

Um den Clip nun zu verlängern oder zu kürzen, müssen Sie die Ränder des sichtbaren Bereichs nach links bzw. rechts verschieben. Wenn Sie mit der Maus auf einen der beiden Ränder zeigen, wird der Mauscursor wieder geändert als Kennzeichen dafür, dass der Clip beschnitten bzw. erweitert wird.

Im Clip-Trimmer kann der Clip auch gekürzt oder erweitert werden.

Wenn Sie mit dem Trimmen fertig sind, müssen Sie den Clip-Trimmer wieder ausblenden. Entweder klicken Sie links oben auf *Clip-Trimmer schließen* oder Sie klicken auf den blauen Pfeil unterhalb des Trimmers oder Sie drücken ganz einfach die *Return*-Taste. Alle drei Methoden schließen den Clip-Trimmer, und Sie können ganz normal weiterarbeiten.

Clips teilen

Neben dem Beschneiden eines Clips kann in iMovie ein Clip auch geteilt werden. Auf diese Weise können Sie einen Teil des Clips innerhalb der Timeline an eine andere Position verschieben und dadurch sehr interessante und abwechslungsreiche Schnitte im Film erzeugen.

Um nun einen Clip zu teilen, müssen Sie zuerst im Timeline-Fenster den Abspielkopf auf die Position setzen, an der der Clip geteilt werden soll. Das erreichen Sie ganz einfach mit einem Mausklick.

 Um den Abspielkopf anschließend nach vorne oder hinten zu verschieben, können Sie die Tasten **Pfeil nach links** und **Pfeil nach rechts** verwenden. Damit wird der Abspielkopf nur um ein Bild bewegt.

Hat der Abspielkopf die gewünschte Position, können Sie die Tastenkombination *cmd + B* verwenden, um den Clip zu trennen. Die Funktion *Clip teilen* finden Sie auch im Menü *Ändern*. Die so entstandenen Clipteile können Sie nun einzeln verschieben.

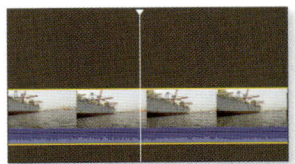 

Zuerst wird der Abspielkopf an die richtige Position gesetzt (links) um anschließend den Clip an dieser Position zu teilen (rechts).

Die Teilung eines Clips findet nur in der Timeline statt. Der Clip bleibt in der Ereignis-Mediathek vollständig erhalten.

Die Teilung eines Clips kann zu jedem Zeitpunkt wieder rückgängig gemacht werden. Dazu legen Sie die Einzelteile des Clips in der Timeline nebeneinander, markieren dann die Clipteile und führen die Funktion *Clips einbinden* aus dem Menü *Ändern* aus.

Clips ersetzen

Clips in der Timeline lassen sich in iMovie auch mühelos ersetzen. Sie nehmen nur einen neuen Clip aus der Ereignis-Mediathek und ziehen ihn auf den alten Clip im Timeline-Fenster. Sobald Sie die Maustaste loslassen, wird ein Fenster geöffnet, in dem Sie auswählen können, welchen Arbeitsschritt iMovie durchführen soll. Wählen Sie *Ersetzen*, um den Clip auszutauschen.

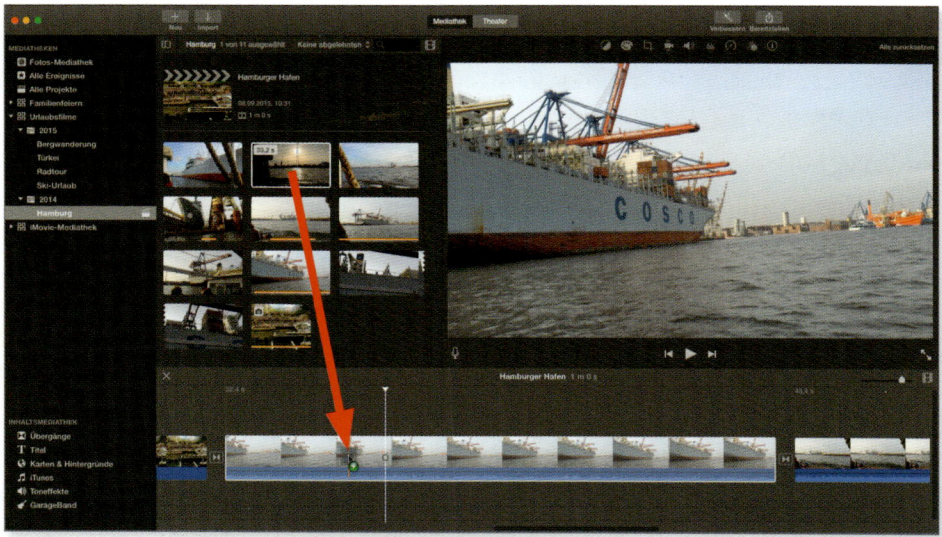

Clips werden per Drag & Drop ersetzt.

Das Kontextmenü für das Ersetzen eines Clips.

Da der neue Clip die Stelle des alten Clips einnimmt, wird der Gesamtfilm unter Umständen etwas länger bzw. etwas kürzer. Es gibt aber auch eine Methode zum Ersetzen von Clips, die die Gesamtlänge des Films nicht beeinflusst.

Um nun einen Clip zu ersetzen, ohne die Gesamtlänge zu verändern, wählen Sie aus dem Kontextmenü die Funktion *Vom Anfang ersetzen* oder *Vom Ende ersetzen*. Damit wird der alte Clip im Projekt durch einen gleich langen Bereich des neuen Clips, beginnend vom Anfang bzw. Ende des Clips, ersetzt. Sollte der neue Clip zu kurz sein, erhalten Sie einen Warnhinweis von iMovie.

Der neue Clip ist zu kurz.

Zwischenschnitt

In iMovie haben Sie die Möglichkeit, einen Clip als „Zwischenschnitt" in ein Projekt hinzuzufügen. Ein Zwischenschnitt ist eine elegante Methode, Clips zu überlagern, ohne die Gesamtlänge des Films zu beeinflussen. Der Zwischenschnitt wird dabei über den normalen Clip eingesetzt.

Zum Einfügen eines Zwischenschnitts ziehen Sie einen Clip aus der Ereignis-Mediathek oberhalb eines Clips im Projekt. Der neue Clip wird dann über dem alten Clip angezeigt und ersetzt dabei die Bereiche der alten Clips. Er kann genauso wie jeder andere Clip getrimmt werden.

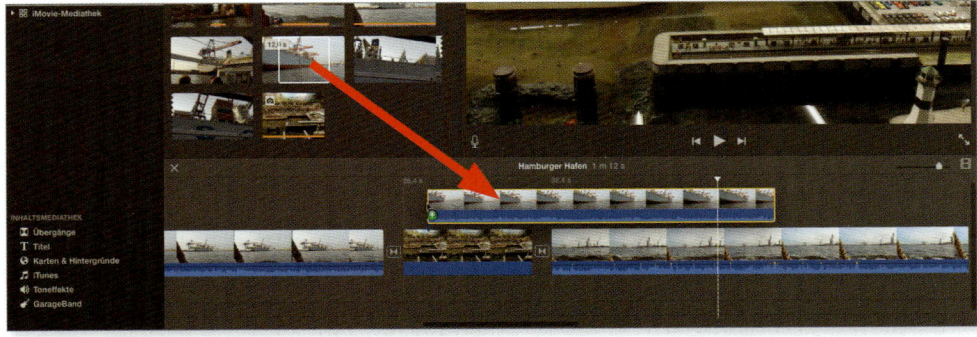

Der Zwischenschnitt ersetzt Bereiche der normalen Clips, ohne die Gesamtlänge des Films zu verändern.

Zwischenschnitt anpassen

Standardmäßig werden Zwischenschnitte nicht überblendet. Das kann aber von Ihnen geändert werden. Dazu müssen Sie den Zwischenschnitt in der Timeline markieren und anschließend in der *Anpassungsleiste*, oberhalb der Vorschau, auf das erste Symbol für *Einstellungen für Videoüberlagerungen* klicken.

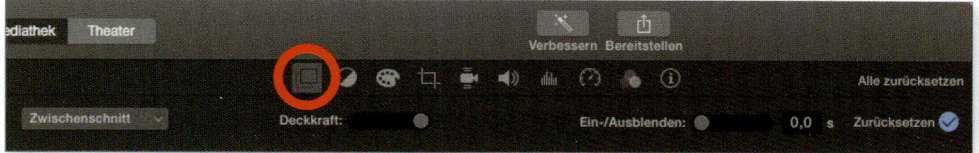

Die Anpassungsleiste mit den Einstellungen für den Zwischenschnitt.

Dort finden Sie einen Schieberegler mit der Bezeichnung *Ein-/Ausblenden*. Mit diesem Regler können Sie eine automatische Überblendung am Anfang und Ende des Zwischenschnitts hinzufügen.

> **!** Mit dem Schieberegler kann allerdings nur eine maximale Dauer von zwei Sekunden eingestellt werden. Wollen Sie eine längere Überblendung haben, klicken Sie in das Feld mit der Sekundenangabe und tippen Sie den gewünschten Wert manuell ein.

Zusätzlich zur Überblendung können Sie auch die *Deckkraft* des Zwischenschnitts ändern. Dadurch wird der Zwischenschnitt transparent und die ursprünglichen Clips scheinen durch.

Bild-in-Bild-Clips

Neben dem Zwischenschnitt können Sie in iMovie auch Bild-in-Bild-Clips erstellen. Dabei wird ein Clip als kleines Fenster innerhalb eines anderen Clips wiedergegeben. Das können Sie z. B. verwenden, um eine Person einzublenden, die die dargestellte Szene erklärt. Für einen Bild-in-Bild-Clip benötigen Sie die Anpassungsleiste. Sie nehmen ganz einfach einen Clip aus der Ereignis-Mediathek und ziehen ihn über einen anderen Clip im Projekt. Der neue Clip wird nun oberhalb der anderen Clips im Projekt angezeigt. In der *Anpassungsleiste* können Sie anschließend im Bereich *Einstellungen für Videoüberlagerungen* die Option *Bild-in-Bild* aktivieren. Der neue Clip wird nun als kleines Fenster rechts oben im Viewer angezeigt.

Ein Bild-in-Bild-Clip kann noch verändert werden.

Das Fenster mit dem Clip kann im Viewer beliebig positioniert werden. Sogar die Größe kann von Ihnen geändert werden, wenn Sie an einer der vier Ecken mit der Maus ziehen. Zusätzlich zur Größe und Position können auch noch eine *Überblendung*, ein *Rahmen* und ein *Schatten* aktiviert werden.

Nebeneinander

Es gibt noch eine weitere Art der Videoüberlagerung in iMovie, die Funktion *Nebeneinander*. Wie Sie sich bereits denken können, ist die Funktion dazu da, um zwei Filme gleichzeitig abzuspielen. Im Gegensatz zu den anderen Videoüberlagerungen werden aber die beiden Clips in gleicher Größe im Film abgespielt. Besonders bei Filmen, die auf dem iPhone im Hochformat aufgenommen wurden, ist die Funktion interessant.

Der erste Clip wird ganz normal in die Timeline platziert und der zweite Clip darüber angeordnet, genauso wie bei den anderen Videoüberlagerungen. Als Nächstes müssen Sie den zweiten Clip in der Timeline markieren, da dieser die Funktion *Nebeneinander* erhält. In der *Anpassungsleiste* können Sie anschließend im Bereich *Einstellungen für Videoüberlagerungen* die Option ❶ aktivieren. Im Viewer sehen Sie nun die beiden Filmclips nebeneinander platziert, wobei standardmäßig der erste Clip rechts und der zweite links angezeigt wird. Sie können dies aber ändern, wenn Sie die Positionierung ❷ umschalten. Zusätzlich können Sie den zweiten Clip animiert ins Bild hinein- und herausbewegen lassen, wenn Sie die Option *Clips verschieben* ❸ einstellen. Mit der Sekundenangabe stellen Sie die Dauer der Animation ein.

Zwei Filmclips werden nebeneinander angezeigt.

Green-/Bluescreen

iMovie hat noch eine vierte Art der Videoüberlagerung, die Green-/Bluescreen-Funktion. Damit ist es möglich, bestimmte Bereiche eines Film- oder Fotoclips auszublenden und damit durchsichtig zu machen. An den durchsichtigen Stellen wird dann der darunterliegende Clip angezeigt. Dieses Verfahren wird sehr häufig im Fernsehen verwendet. Denken Sie nur an die Wetterfee, die vor einer Wetterkarte steht. Eigentlich steht die Person vor einem blauen oder grünen Hintergrund, dieser wird ausgeblendet und durch die Wetterkarte ersetzt. So etwas können Sie auch in iMovie bewerkstelligen. Die Funktion ist z. B. ideal für Blogbeiträge, wenn etwa ein Interview vor einem bewegten Hintergrund stattfinden soll.

Voraussetzung für das Green-/Bluescreen-Verfahren ist die Verwendung der Farbe Grün oder Blau in einem Clip. iMovie blendet automatisch das kräftigste Blau bzw. Grün im Clip aus. Wenn Sie dieses Verfahren also verwenden wollen, stellen Sie sicher, dass Sie Ihre Aufnahmen vor einem blauen bzw. grünen Hintergrund machen. Achten Sie auch darauf, dass Personen keine blauen oder grünen Kleidungsstücke tragen. Diese würden nämlich auch ausgeblendet.

Das Green-/Bluescreen-Verfahren kann auch mit Fotoclips durchgeführt werden. Sie könnten z. B. einen Rahmen zeichnen und den Inhalt des Rahmens mit einer kräftigen grünen Farbe auffüllen. Die grüne Farbe würde dann in iMovie durchsichtig und der Filmclip darunter innerhalb des Rahmens sichtbar werden.

Filme erstellen

Wie bei den anderen Videoüberlagerungen müssen Sie zuerst die zwei Clips in die Timeline übereinander platzieren und den oberen Clip auswählen. In der *Anpassungsleiste* können Sie dann im Bereich *Einstellungen für Videoüberlagerungen* die Option *Green-/Bluescreen* ❶ aktivieren. Damit wird sofort der grüne bzw. blaue Bereich des Clips durchsichtig.

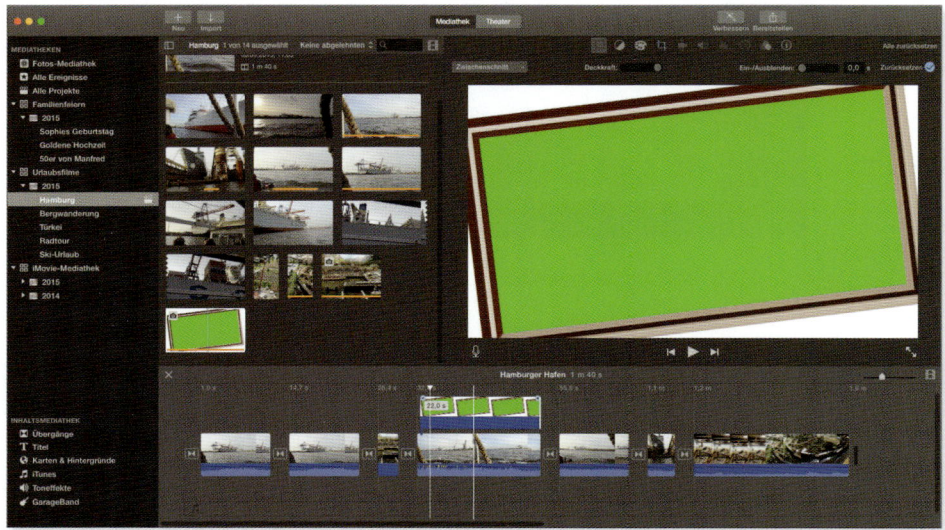

Die grüne Fläche im Fotoclip wird mit der Funktion „Green-/Bluescreen" …

… automatisch ausgeblendet, und der Filmclip darunter wird sichtbar.

Es gibt noch ein paar Optionen, womit Sie diese Funktion weiter bearbeiten können. Mit dem Regler *Weichheit* werden die Ränder des ausgeblendeten Bereichs weicher oder härter gemacht. Mit den Werkzeugen bei *Optimieren* ❸ können Sie den Clip im Vordergrund bearbeiten. Das Werkzeug ▣ kann den Clip polygonförmig zuschneiden. Dazu müssen Sie nur die eingeblendeten Ecken des Clips verschieben. Und mit dem Werkzeug ◩ können Sie zusätzliche Farbbereiche aus- und einblenden. Zum Ausblenden müssen Sie mit dem Werkzeug nur auf eine Stelle im Viewer klicken. Idealerweise sollte dies auch eine grüne oder blaue Stelle sein. Um Bereiche wieder einzublenden, klicken Sie erneut in den Farbbereich, der wieder sichtbar werden soll.

> **!** Denken Sie daran, dass Sie alle Einstellungen mit einem Klick auf **Zurücksetzen** wieder rückgängig machen können.

Übergänge/Überblendungen

Übergänge sind beim Film ein Gestaltungsmittel, um den Wechsel von einer Szene zu einer anderen zu glätten oder zu überblenden. iMovie bietet eine ganze Reihe von Übergängen an, um Ihren Film ansprechender zu machen.

> **!** Wenn Sie Zusatzmodule für ältere iMovie-Versionen, also vor iMovie '08, in Ihrem Besitz haben, können Sie diese nicht mehr verwenden. Achten Sie beim Kauf von externen Modulen oder Plug-ins darauf, dass diese mit der neuen iMovie-Version kompatibel sind. Oftmals wird mit altem Material auf Heft-CDs oder in eBay geworben.

Die Übergänge haben in iMovie standardmäßig eine Länge von einer Sekunde. Die Länge eines jeden Übergangs kann aber jederzeit manuell geändert werden.

> **!** Allgemein gilt: Kein Übergang darf länger sein als die Hälfte der Dauer eines Clips auf beiden Seiten. Aus diesem Grund sind unter Umständen die Übergänge im Projekt kürzer, je nach Länge des kürzesten Clips, der zu einem Übergang gehört.

Das Fenster für die Übergänge können Sie sichtbar machen, wenn Sie aus dem Menü *Fenster* die Funktion *Inhaltsmediathek –> Übergänge (cmd + 1)* wählen. Sie können aber auch auf die Schaltfläche *Übergänge* links unten in der *Inhaltsmediathek* klicken.

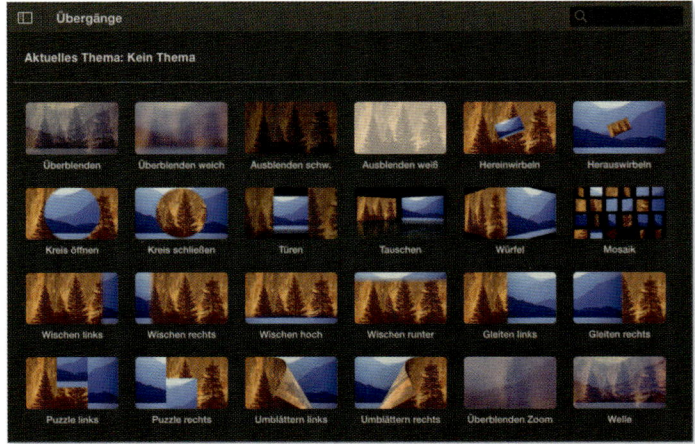

Die Übergänge, die Sie in iMovie verwenden können.

iMovie stellt insgesamt 24 Übergänge zur Verfügung, aus denen Sie auswählen können. Jeder der Übergänge kann nachträglich justiert oder ausgetauscht werden. Um einen Übergang hinzuzufügen, müssen Sie ihn mit der Maus anfassen und zwischen zwei Clips in der Timeline ziehen. Der Übergang wird durch ein kleines Symbol zwischen den Clips angezeigt.

Ein Übergang wird zwischen zwei Clips in der Timeline platziert.

Der Übergang kann wieder entfernt werden, wenn Sie auf das kleine Symbol des Übergangs klicken und danach die *Backspace*-Taste drücken.

Übergangslänge ändern

Die Länge eines Übergangs kann direkt in der Timeline geändert werden. Ein Doppelklick auf das Übergangssymbol öffnet ein kleines Fenster. Im Feld mit der Sekundenanzeige tippen Sie die gewünschte Länge ein. Wenn Sie die Option *Für alle* anklicken, wird die eingestellte Länge auf alle bereits platzierten Übergänge im Projekt übertragen.

Die Einstellungen für einen Übergang.

Sollte sich die Dauer eines Übergangs nicht ändern lassen, so kann das zwei Ursachen haben:

- Entweder arbeiten Sie mit automatischen Übergängen, die entsprechend des gewählten Filmthemas nicht verändert werden können,
- oder es ist nicht genügend Clipmaterial vorhanden, um den Übergang zu verändern.

Im ersten Fall müssen Sie die automatischen Übergänge deaktivieren. Dazu öffnen Sie die *Filmeigenschaften* (*cmd + J*) und klicken dort auf *Einstellungen*. Anschließend deaktivieren Sie die Option *Automatischer Inhalt*. Damit sind die automatischen Übergänge deaktiviert, und die Übergänge lassen sich bearbeiten.

Die automatischen Übergänge sind nun ausgeschaltet.

Für den zweiten Fall müssen Sie die beiden Clips, die zum Übergang gehören, nur etwas trimmen, also das Ende bzw. den Anfang der Clips kürzen. Danach kann die Länge des Übergangs eingestellt werden.

Die Art des Übergangs kann auch noch geändert werden. In der Übersicht über die Übergänge nehmen Sie einfach den neuen Übergang und legen ihn über den alten. Die Länge des Übergangs wird dabei nicht verändert.

 Wenn Sie die Übergangsart auswählen, erhalten Sie eine Vorschau. Sie müssen nur den Mauscursor über die Miniaturdarstellungen der Übergänge bewegen.

Standarddauer der Übergänge

Normalerweise hat ein Übergang beim Einfügen in den Film eine Dauer von einer Sekunde. Diese Standarddauer ist nicht festgemeißelt und kann deswegen zu jedem Zeitpunkt geändert werden. Sie benötigen dazu die *Filmeigenschaften* (*cmd + J*) und anschließend die *Einstellungen*. Dort finden Sie einen Regler mit der Bezeichnung *Übergänge*. Mit diesem Regler stellen Sie die Standardlänge ein. Wenn Sie den Wert ändern, erhalten alle neu hinzugefügten Übergänge eine andere Dauer. Die Einstellung hat keine Auswirkung auf bereits platzierte Übergänge. Diese müssen Sie manuell ändern.

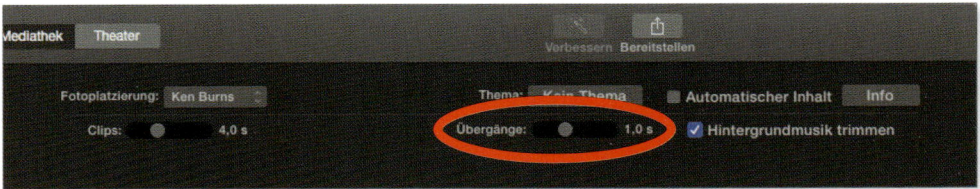

Die Standardlänge von neuen Übergängen kann eingestellt werden.

Präzisions-Editor

Eine sehr elegante Methode, um einen Übergang genau einzustellen, ist der Präzisions-Editor. Dieser ermöglicht es nicht nur, die Länge festzulegen, sondern auch die Position. Zusätzlich können die Clips auch noch getrimmt und verschoben werden.

Der *Präzisions-Editor (cmd + Ü)* befindet sich im Menü *Fenster* und kann dort ein- und ausgeblendet werden. Zuerst müssen Sie den Übergang, den Sie bearbeiten wollen, in der Timeline markieren. Danach wählen Sie die Menüfunktion.

> **!** Sie können auf einen Übergang auch einen Rechtsklick ausführen und im Kontextmenü den Präzisions-Editor auswählen.

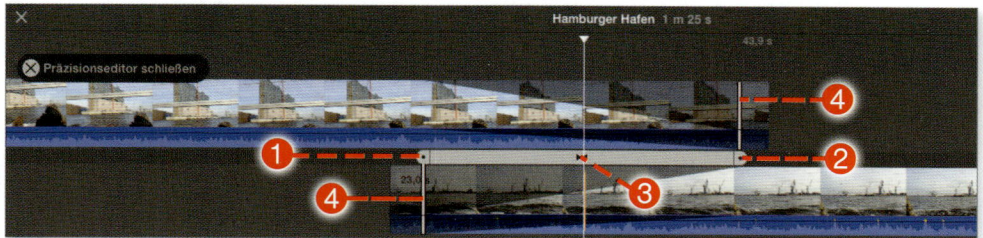

Der Präzisions-Editor stellt den Übergang und die Clips detailliert dar.

Im Präzisions-Editor können Sie nun die Clips und den Übergang verlängern, verkürzen oder verschieben. Damit Sie den Übergang verlängern können, müssen Sie zuerst die Überlagerung der Clips verändern, also den oberen Clip mehr nach rechts verschieben und den unteren Clip mehr nach links. Sie können aber auch die Clip-Trimmung an den beiden grauen Linien ❹ verändern. So entsteht ein größerer Überlappungsbereich, der genutzt werden kann. Nun können Sie den Übergang links ❶ oder rechts ❷ nehmen und verlängern. Zum Verschieben nehmen Sie den Übergang in der Mitte ❸.

> **!** Der Übergang verändert sich immer nach beiden Seiten, es ist also egal, ob Sie ihn an der linken oder rechten Seite bearbeiten.

Um die Bearbeitung im Präzisions-Editor zu beenden, klicken Sie auf die Option *Präzisions-Editor schließen* links oben in der Timeline. Sie können aber auch einen Doppelklick auf den Übergang ausführen.

Vordefinierte Überblendungen

iMovie hat auch zwei vordefinierte Überblendungen, die das Erstellen eines Films beschleunigen können. Bei beiden Überblendungen wird eine Kombination aus *Übergang* und *Videoeffekt* auf den Clip angewendet, die nachträglich wieder entfernt oder bearbeitet werden kann. Beide Überblendungsarten finden Sie im Menü *Ändern*.

Ausblenden

Die erste vordefinierte Überblendung hat den unscheinbaren Namen *Ausblenden*. Damit wird an der aktuellen Position des Abspielkopfs ❶ der Filmclip getrennt, ein normaler Übergang ❷ eingefügt und der Rest des Clips ❸ mit einem Video-effekt belegt. Dabei haben Sie die Auswahl zwischen *Schwarzweiß*, *Sepia* und *Traum*.

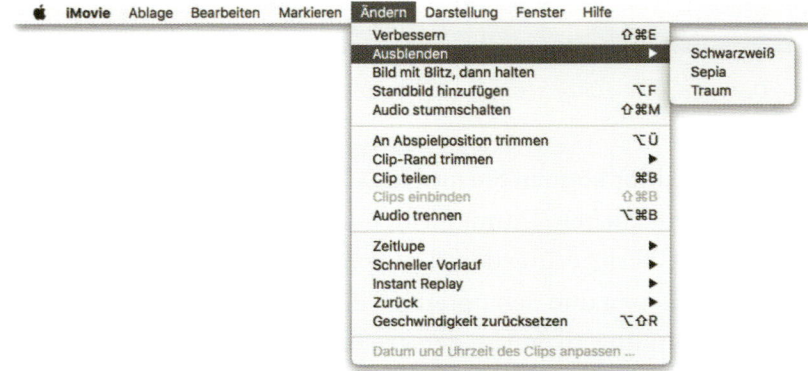

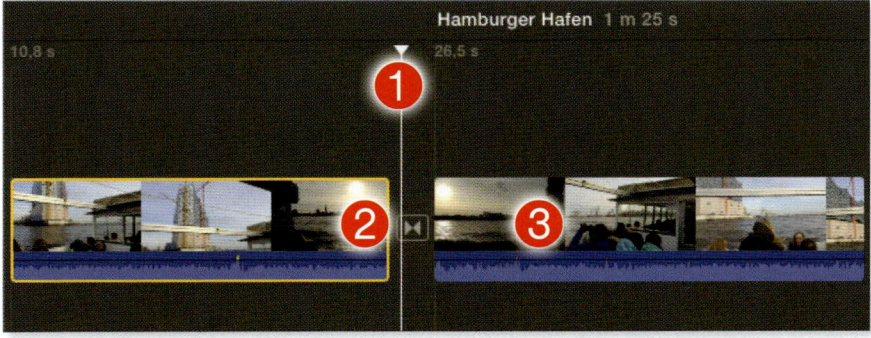

Die Funktion „Ausblenden" erstellt automatisch einen Übergang.

Bild mit Blitz, dann halten

Die zweite vordefinierte Überblendung findet sich auch im Menü *Ändern*. Die Funktion *Bild mit Blitz, dann halten* trennt den Clip an der aktuellen Position des Abspielkopfs 🅐, macht ein Standbild 🅑 und fügt eine Ausblendung zu einem weißen Hintergrund hinzu 🅒. Das Standbild wird noch zusätzlich mit dem Ken-Burns-Effekt belegt. Das Ganze soll dann den Eindruck vermitteln, als hätte jemand ein Foto mit Blitzlicht gemacht.

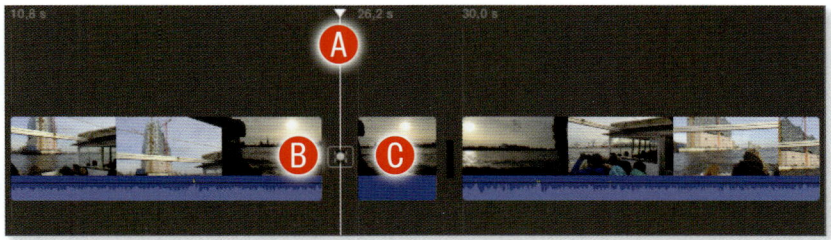

So sieht die Timeline nach der „Blitzlichtaufnahme" aus.

> **!** Bei beiden vordefinierten Überblendungen können Sie die Einstellungen (Übergang, Videoeffekt, Ken-Burns-Effekt) nachträglich noch ändern. Sie müssen nur in der **Anpassungsleiste** die entsprechende Kategorie öffnen.

Titel

Ein weiteres Gestaltungsmittel beim Videoschnitt sind Titel. Damit lässt sich Text zum Videomaterial hinzufügen, um z. B. eine Einleitung oder einen Abspann zu erstellen. In iMovie können Titel in einen Videoclip integriert, aber auch als eigenständiger Clip mit Hintergrund erstellt werden.

Titel hinzufügen

Um einen Titel hinzuzufügen, müssen Sie erst die Titelübersicht einblenden. Das können Sie entweder mit einem Mausklick auf die Schaltfläche *Titel* links unten in der *Inhaltsmediathek* tun oder Sie wählen die Funktion *Inhaltsmediathek – > Titel* (*cmd + 2*) aus dem Menü *Fenster*. iMovie enthält 48 verschiedene Titelarten. Wenn Sie mit der Maus auf einen Titel klicken und dann den Mauscursor nach links und rechts bewegen, erhalten Sie eine entsprechende Vorschau im Viewer.

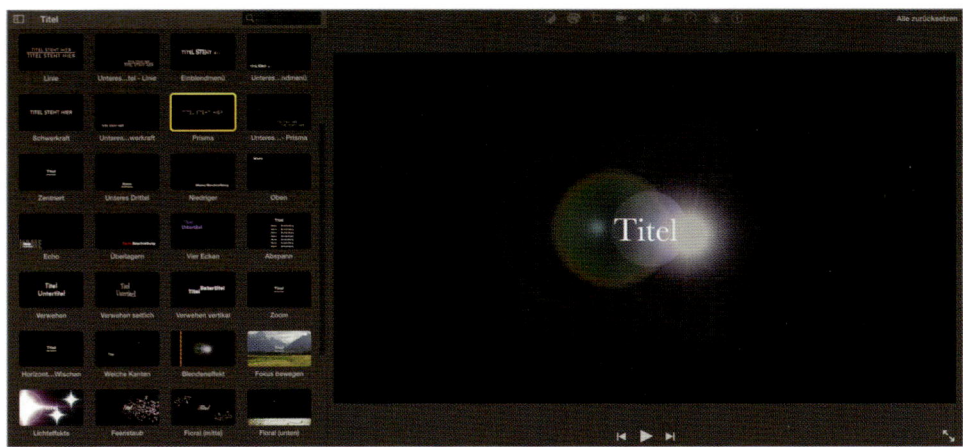

Eine Vorschau eines Titels kann man im Viewer betrachten.

Ein Titel wird genauso einfach hinzugefügt wie ein Übergang. Wenn Sie einen Titel in einen Clip integrieren wollen, dann bewegen Sie ihn per Drag & Drop auf den gewünschten Clip in der Timeline. Eine Überlagerung zeigt Ihnen an, zu welchem Clip der Titel hinzugefügt wird. Nachdem Sie die Maustaste losgelassen haben, erscheint er als farbige Leiste oberhalb des Clips.

Titel werden per Drag & Drop hinzugefügt und erscheinen dann oberhalb des Clips.

> **!** Der platzierte Titel kann natürlich nachträglich noch verschoben werden. Sie müssen ihn einfach mit der Maus nehmen und an eine andere Position bewegen.

Soll ein Titel als eigenständiger Clip zum Projekt hinzugefügt werden, müssen Sie ihn auf eine freie Stelle in der Timeline oder zwischen zwei Clips platzieren. Die Titel werden standardmäßig auf einem schwarzen Hintergrund platziert. Wie man den Hintergrund ändert, erfahren Sie im Abschnitt „Karten und Hintergründe" auf Seite 56.

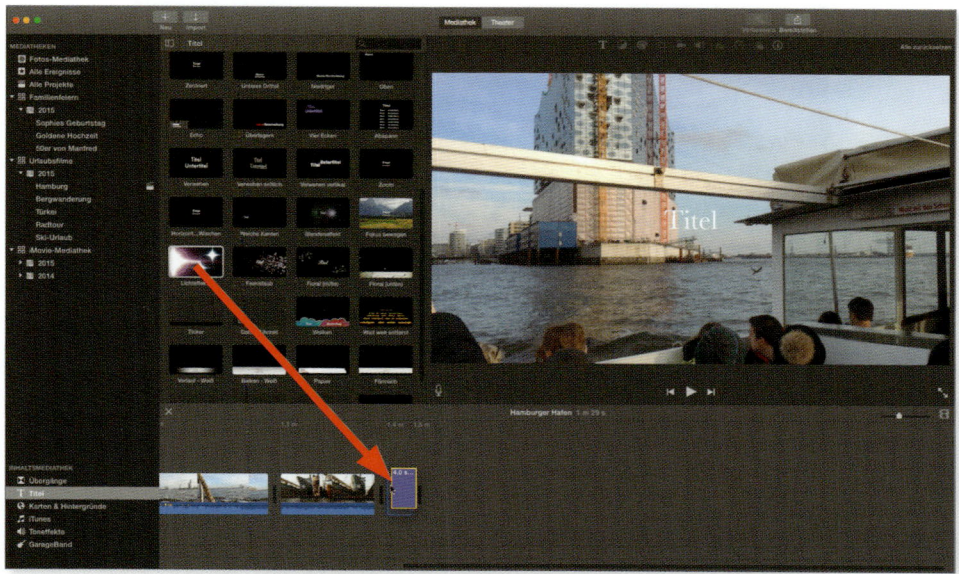

Titel können auch als eigenständige Clips hinzugefügt werden.

Titeltext bearbeiten

Nach dem Hinzufügen des Titels besteht der nächste Arbeitsschritt darin, den Text einzugeben bzw. sein Aussehen zu bearbeiten. Zuerst muss der Titel in der Timeline mit einem Doppelklick markiert werden, und dann kann im *Viewer* der Text direkt eingegeben bzw. geändert werden. Je nach gewählter Titelart stehen Ihnen unterschiedlich viele Zeilen zur Verfügung.

Der Text und das Aussehen eines Titels werden im Viewer bearbeitet.

Der Text kann direkt im Viewer ausgewählt und überschrieben werden. Das Aussehen können Sie in der Anpassungsleiste oberhalb des Viewers ändern. Je nach gewählter Titelart lassen sich dort die *Schrift*, die *Größe*, die *Ausrichtung*, der *Schriftstil* und die *Farbe* des Textes bestimmen.

> **!** iMovie stellt eine kleine Auswahl an Schriften zum Formatieren zur Verfügung, aber es lassen sich grundsätzlich alle Schriften verwenden, die auf Ihrem Rechner installiert sind. Wenn Sie eine Schrift haben wollen, die nicht in der Liste erscheint, dann wählen Sie die Option **Schriften einblenden** aus dem Schriftmenü aus. Damit wird das Schriftfenster geöffnet, in dem Sie nun alle Schriften Ihres Rechners auswählen können.

Die Systemschriften müssen erst eingeblendet werden.

Nicht bei allen Titelarten kann auch die Schriftgröße oder die Ausrichtung geändert werden. Je nach verwendetem Titel lassen sich manche Einstellungen nicht ändern.

Titelart und -länge einstellen

Ein platzierter Titel kann jederzeit nachträglich geändert werden. Die Änderung betrifft dabei die Titelart und vor allen Dingen die Dauer des Titels. Ein *Doppelklick* auf einen platzierten Titel in der Timeline öffnet die *Anpassungsleiste* mit den Einstellungen für den Titel. Normalerweise wird dort das Aussehen des Textes bearbeitet. Wenn Sie aber auf das Infosymbol klicken, können Sie die Länge des Titels im Feld *Dauer* einstellen.

Die Dauer eines Titels wird im Infobereich eingestellt.

Alternativ zum Infobereich können Sie einen Titel auch verlängern oder verkürzen, wenn Sie ihn in der Timeline an den Rändern einfach länger oder kürzer ziehen. Diese Methode ist etwas ungenauer, geht aber dafür schneller und ist bequemer.

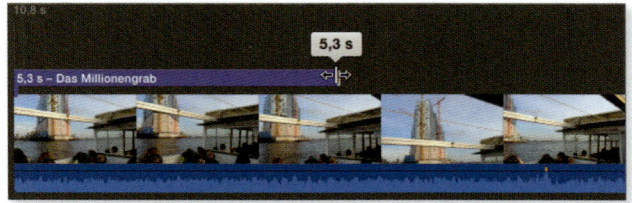

Die Titellänge kann auch direkt in der Timeline geändert werden.

Titel entfernen und verschieben

Zum Entfernen eines Titels markieren Sie diesen ganz einfach in der Projekt-Mediathek und drücken danach die *Backspace*-Taste. Fertig!

Genauso einfach lässt sich ein Titel auch verschieben. Sie markieren ihn und verschieben ihn im Projekt einfach weiter nach vorne oder hinten. Er lässt sich aber auch per Drag & Drop an eine andere Position innerhalb des Films legen.

Karten und Hintergründe

Eine eindrucksvolle Einrichtung von iMovie ist die Möglichkeit, animierte Weltkarten und Hintergründe hinzuzufügen. Besonders für Reise- oder Urlaubs-
videos bringen die Weltkarten einen Touch von Hollywood in Ihren Film. Hintergründe können Sie im Zusammenhang mit Titeln (siehe vorherigen Abschnitt)
für einen Vor- oder Abspann verwenden.

Karten

Die Weltkarten können Sie mit einem Mausklick auf die Schaltfläche *Karten
und Hintergründe* öffnen, die Sie links unten in der *Inhaltsmediathek* finden. Die
Tastenkombination dafür ist *cmd + 3*. Der obere Bereich enthält drei Zeilen mit
unterschiedlichen Kartenarten, und im unteren Bereich finden Sie die Hintergründe und Animationen, die für platzierte Titel verwendet werden.

Die Weltkarten und Hintergründe von iMovie.

Die Weltkarten sind in drei Typen unterteilt:

1. *Globus*: Das sind dreidimensionale animierte Weltkarten, die einen Ort oder eine Reiseroute anzeigen können.

2. *Karte*: Das sind zweidimensionale Weltkarten, die ebenfalls animiert sind und auch einen Ort oder eine Reiseroute anzeigen können.

3. *Standbildkarte*: Das sind zweidimensionale Weltkarten, die keinen Fokus auf einen bestimmten Ort oder eine Reiseroute haben. iMovie verwendet den Ken-Burns-Effekt für einen leichten Schwenk über die Karte.

Karten platzieren

Weltkarten werden genauso wie Titel oder Übergänge per Drag & Drop hinzugefügt. Sie nehmen die gewünschte Karte und ziehen sie an eine freie Position im Film oder platzieren sie zwischen zwei Clips. Fertig!

Karten werden per Drag & Drop hinzugefügt.

Karten einstellen

Nach dem Hinzufügen müssen Sie die Weltkarten noch einstellen. Wenn Sie eine der beiden animierten Kartenarten gewählt haben, sollten Sie den Ort bzw. die Route auf der Karte einstellen. Dazu benötigen Sie die *Anpassungsleiste*. Das erste Symbol dort sind dann die Karteneinstellungen.

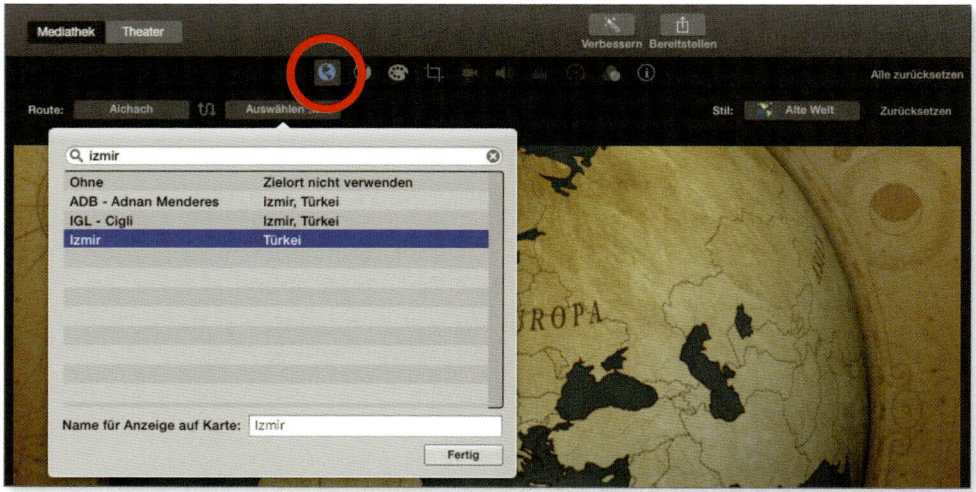

Die Einstellungen für eine Karte.

Um die Weltkarte auf einen bestimmten Ort zu fokussieren, klicken Sie auf die Schaltfläche neben *Route*. Dadurch wird ein Fenster zur Eingabe des Startorts geöffnet. In das obere Eingabefeld tippen Sie einfach den gewünschten Ort ein. iMovie hat eine ganze Menge von Orten in der Datenbank, aber natürlich nicht jeden Ort dieser Welt. Wenn der gewünschte Ort also nicht auftaucht, dann tippen Sie einen bekannten Ort in der Nähe Ihres gewünschten Orts ein. Und danach können Sie in das Feld *Name für Anzeige auf Karte* den richtigen Namen eingeben, der dann auch auf der Karte erscheint.

Nach der Bestätigung müssen Sie als Nächstes den Zielort angeben, um eine animierte Reiseroute zu erhalten. Klicken Sie dafür auf die zweite Schaltfläche bei *Route* und bestimmen Sie den Zielort. Ist dieser auch festgelegt, können Sie im Viewer die Animation der Karte betrachten.

Falls Ihnen das Aussehen der Karte zu langweilig ist, klicken Sie auf die Schaltfläche *Video- und Audioeffekte* in der *Anpassungsleiste*. Öffnen Sie danach die *Videoeffekte* und wählen Sie zwischen 20 Videoeffekten, mit denen die Weltkarte manipuliert werden kann, aus. Wenn Sie die Maus über die Effekte bewegen, erhalten Sie im Viewer eine Vorschau.

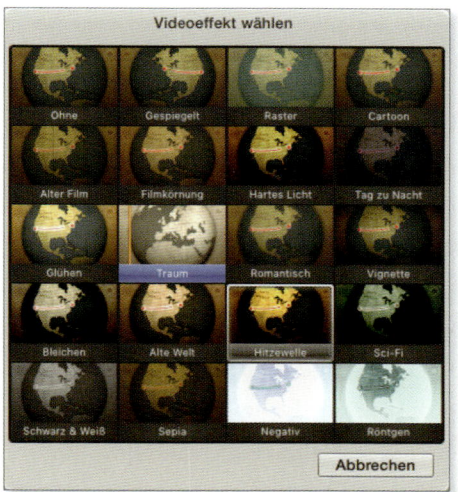

Die Weltkarten können mit Videoeffekten manipuliert werden.

Je nach gewählter Weltkarte haben Sie noch weitere Optionen wie *Vergrößern*, um die gewählte Streckenanimation vergrößert darzustellen, oder *Routenlinie/ Städte einblenden* oder *Wolken*. Diese Einstellungen finden Sie im Menü *Stil* auf der rechten Seite der Anpassungsleiste. Dort können Sie auch nachträglich die Art der Karte ändern.

 Wenn Sie über das **Stil**-Menü die Art der Karte ändern, bleiben der Start- und der Zielort erhalten, aber eventuelle Videoeffekte gehen verloren.

Länge der Karte ändern

Die Länge der Karte wird wie bei jedem normalen Clip geändert. Entweder verschieben Sie den rechten Rand des Karten-Clips oder Sie wechseln in den *Infobereich* in der *Anpassungsleiste* und tippen dort die Dauer des Clips ein.

Karten austauschen

Eine platzierte Karte kann auch nachträglich ausgetauscht werden. Zum Austauschen müssen Sie nur die neue Karte auf die alte Karte in der Timeline ziehen.

Hintergründe

Hintergründe sind ein weiteres Mittel, um einen Film zu gestalten. Dabei werden Hintergründe immer im Zusammenhang mit Titeln eingesetzt. Wenn Sie also z. B. einen Vorspann mit Text benötigen und dieser nicht nur auf einem schwarzen Hintergrund stehen soll, dann sind Sie bei den Hintergründen richtig.

Die Hintergründe gehören zu den Karten, dementsprechend sind sie dort auch aufgelistet. iMovie bietet 20 unterschiedliche Hintergründe, wobei die ersten vier animiert sind. Das Hinzufügen eines Hintergrunds in den Film funktioniert genauso wie mit den Karten: per Drag & Drop.

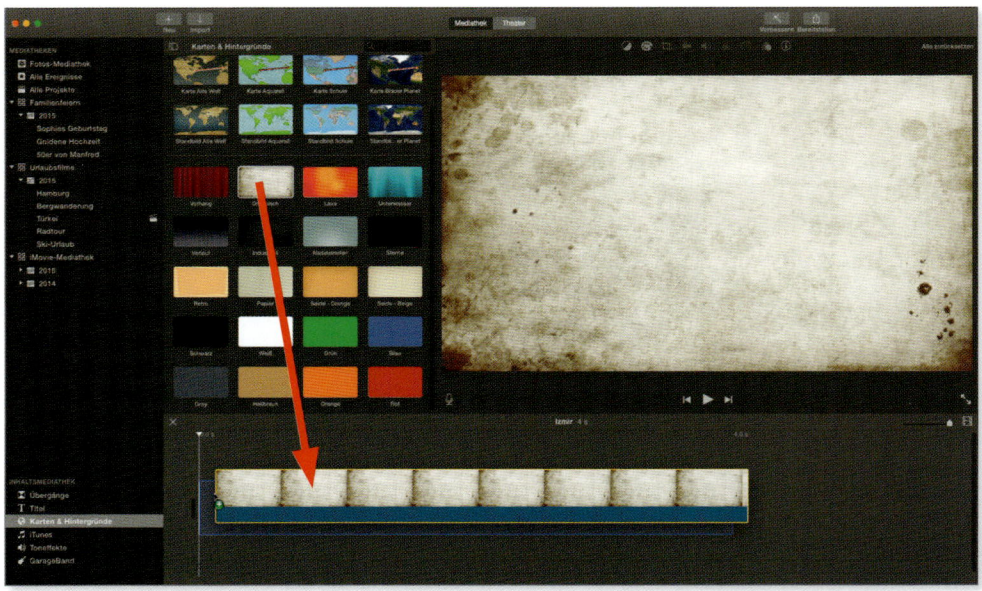

*Hintergründe gehören zu den Karten und werden auch per Drag & Drop
in den Film übernommen.*

Das Ändern der Dauer, das Löschen, das Verschieben und das Austauschen eines Hintergrunds unterscheidet sich nicht von der Bearbeitung eines normalen Filmclips oder einer Karte. In der *Anpassungsleiste* können Sie den Hintergrund auch noch mit verschiedenen Effekten belegen (siehe Seite 80).

Eigene Hintergründe verwenden

Die Hintergründe in iMovie kann der Anwender nicht ändern. Sie können also z. B. nicht die Farbe eines Hintergrunds bearbeiten. Wenn Sie also einen eigenen

Hintergrund benötigen, müssen Sie diesen zuerst erstellen und anschließend importieren.

iMovie verarbeitet neben Filmclips auch statische Bilder (siehe Seite 13). Wenn Sie also einen Hintergrund in einem anderen Programm zeichnen, können Sie ihn anschließend in iMovie importieren und als Hintergrund verwenden.

Sie benötigen dafür zuerst ein Zeichen-, Mal- oder Bildbearbeitungsprogramm. Solche Programme gibt es in Hülle und Fülle im *App Store* auf Ihrem Mac. Dort finden Sie kostenlose und kostenpflichtige Software für die unterschiedlichsten Zwecke. Sie können natürlich auch Profisoftware wie Adobe Photoshop oder den GraphicConverter verwenden.

Der App Store auf dem Mac bietet auch Zeichenprogramme an.

Im Zeichenprogramm können Sie dann einen Hintergrund erstellen. Verwenden Sie für den Hintergrund die Größe 1920 x 1080 Pixel bei einer Auflösung von 72 Pixeln pro Inch. Diese Angaben entsprechen der Auflösung eines Full-HD-Films. Der fertige Hintergrund muss dann als Bild im Format JPEG oder TIFF abgespeichert werden. Nun müssen Sie den Hintergrund nur noch in iMovie importieren. Im Menü *Ablage* finden Sie dafür die Funktion *Medien importieren* (*cmd + I*).

> **!** Achten Sie beim Importieren darauf, in welches Ereignis das Bild hinzugefügt wird. Kontrollieren Sie die Option **Importieren nach** im oberen Bereich des Importfensters.

Karten und Hintergründe

Ist das Hintergrundbild in iMovie importiert, können Sie es ab sofort in Ihrem Film verwenden. Es wird wie ein ganz normaler Clip bzw. Standbild platziert und kann anschließend mit einem Titeltext belegt werden.

> **!** Da der importierte Hintergrund als statisches Bild behandelt wird, fügt iMovie automatisch einen Ken-Burns-Effekt hinzu. Das ist ein Effekt, der das Bild animiert vergrößert. Wie man diesen Effekt entfernt, können Sie auf Seite 77 nachlesen.

Der Hintergrund ist importiert und wird im Zusammenspiel mit einem Titel verwendet.

Audiobearbeitung

Ein Film ohne Ton ist wie ein Bier ohne Schaum, einfach fad! Aus diesem Grund bietet iMovie dem Anwender eine ganze Reihe Möglichkeiten, um die Audiospuren der Videoclips zu verändern oder dem Film eine Hintergrundmusik zuzuweisen.

Audiospur einblenden

Bevor Sie beginnen, die Audiodaten eines Clips zu verändern, müssen Sie zuerst die Audiospur einblenden. Diese ist nämlich standardmäßig unsichtbar. Sie können die Audiospur sowohl in den Ereignissen als auch in der Timeline unabhängig voneinander ein- und ausblenden.

In der Ereignis-Mediathek oder in der Timeline müssen Sie zuerst auf das Symbol für das *Erscheinungsbild* ❶ 🎞 klicken. In dem geöffneten Fenster aktivieren Sie dann bei *Audio* ❷ die Option *Wellenformen einblenden*. Damit werden nun unterhalb der Clips die Audiospuren ❸ angezeigt und können bearbeitet werden.

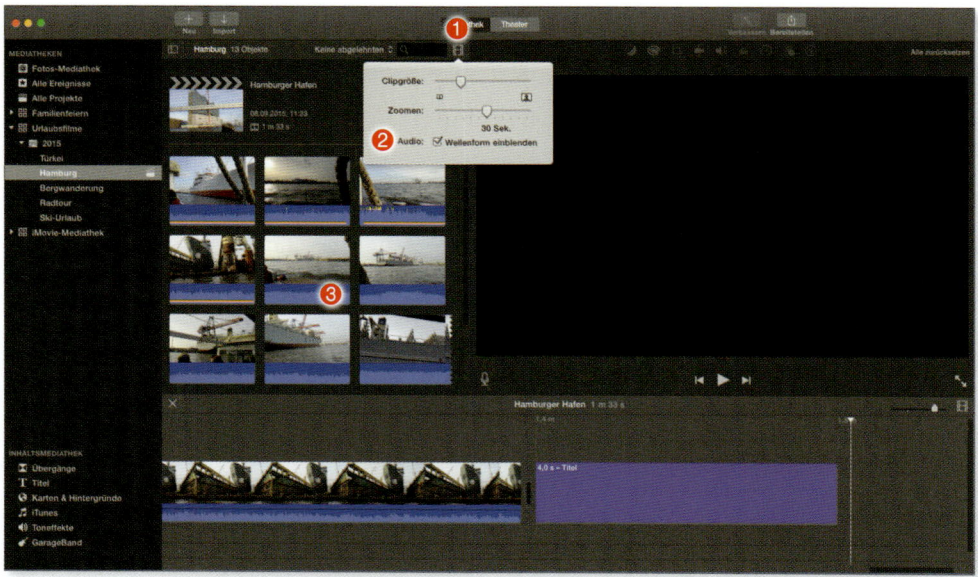

Die Audiospuren können in der Ereignis-Mediathek …

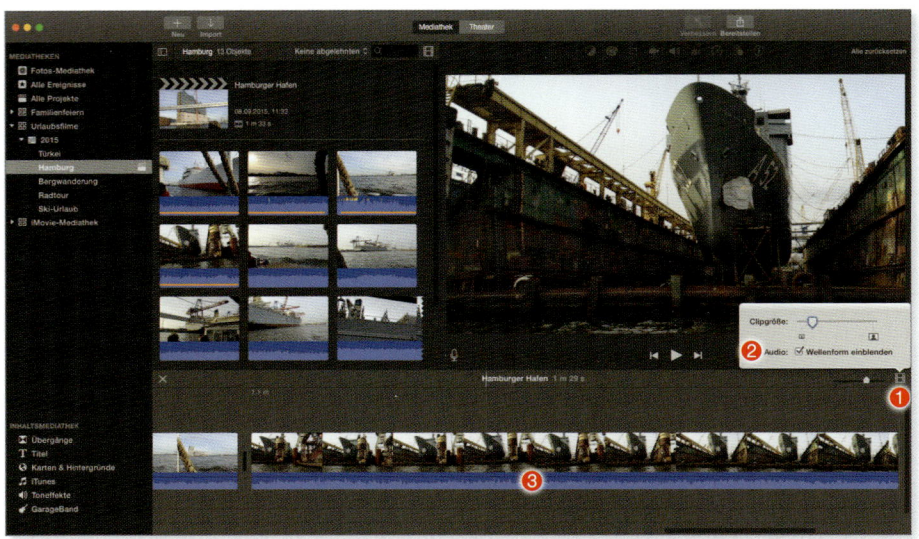

... und in der Timeline eingeblendet werden.

Lautstärke anpassen

iMovie hat eine sehr einfache und schnelle Möglichkeit, die Lautstärke von Clips zu verändern. Direkt im Timeline-Fenster kann damit die Audiospur ein- und ausgeblendet bzw. überblendet werden.

Unterhalb der platzierten Clips werden die Klangwellen eingeblendet. Durch die Wellenform hindurch geht eine horizontale Linie ❶. Mit dieser Linie wird die Lautstärke des jeweiligen Clips verändert. Wenn Sie mit der Maus diese Linie nach oben verschieben, wird es lauter, schieben Sie die Linie nach unten, wird der Clip leiser. Die eingeblendete Prozentzahl ❷ zeigt Ihnen an, welche Lautstärke der Clip nun hat. Die veränderte Lautstärke lässt sich auch sofort an der geänderten Klangwelle erkennen.

Die Lautstärke kann direkt im Clip eingestellt werden.

Eine etwas genauere Einstellungsmöglichkeit der Lautstärke haben Sie in der *Anpassungsleiste* in der Kategorie *Lautstärke*. Dort finden Sie einen Schieberegler, mit dessen Hilfe Sie die Lautstärke etwas genauer festlegen können.

Die Lautstärke kann auch in der Anpassungsleiste eingestellt werden.

In der Anpassungsleiste finden Sie auch einen Schalter, um die Audiospur stumm zu schalten. Ein Mausklick auf den Button 🔊 deaktiviert die Audiospur. Das Symbol des Schalters wechselt zu diesem Symbol 🔇. Ein weiterer Mausklick schaltet die Audiospur wieder ein.

Die Lautstärke von Teilbereichen ändern

Wenn Sie in einem Clip nur bei einem kleinen Teil die Lautstärke ändern wollen, müssen Sie nur mit der Maus den gewünschten Bereich in der Wellenform auswählen: einfach die Maustaste drücken und halten, bis eine senkrechte gelbe Linie erscheint, und anschließend ein Rechteck in der Wellenform aufziehen. Danach können Sie wieder die horizontale Linie für die Lautstärke verschieben.

Ist ein Teilbereich ausgewählt (links), ändert sich die Lautstärke nur im ausgewählten Bereich (rechts).

Lautstärke mithilfe von Keyframes festlegen

Es gibt noch eine weitere Methode, um die Lautstärke eines Clips zu verändern, die sogenannten Keyframes. Keyframes sind Marker, die Sie an bestimmten Punkten in einem Clip hinzufügen können, um die Lautstärke an diesen Stellen zu ändern. So entstehen z. B. automatisch Keyframes, wenn Sie nur einen Teilbereich der Lautstärke ändern (siehe vorherigen Abschnitt).

Mit Keyframes kann die Lautstärke noch individueller festgelegt werden.

Wie erhält man nun einen Keyframe? Das ist sehr einfach: Sie müssen bei gedrückter *alt*-Taste auf die Linie für die Lautstärke klicken. An der geklickten Position entsteht damit ein Keyframe, der anschließend verschoben werden kann. Ein Keyframe kann natürlich auch wieder entfernt werden. Am schnellsten geht das, wenn Sie einen Rechtsklick auf den Keyframe machen und anschließend im Kontextmenü die Option *Keyframe löschen* auswählen.

Ein Keyframe kann mit einem Rechtsklick gelöscht werden.

Es gibt auch die Möglichkeit, alle Keyframes aus der Audiospur mit einem Mausklick zu entfernen. Dazu benötigen Sie die *Anpassungsleiste* und dort die Kategorie *Lautstärke*. Dort finden Sie auf der rechten Seite einen Button mit der Bezeichnung *Zurücksetzen*. Ein Mausklick darauf entfernt alle Lautstärkeeinstellungen und Keyframes aus dem aktuellen Clip. Der Clip wird also in den Ursprungszustand zurückversetzt.

Manuelles Audiofading

Das Ein- und Ausblenden bzw. Überblenden von Audiospuren nennt der Fachmann Fading. Ein Audiofading wird automatisch erstellt, wenn Sie zwischen zwei Filmclips eine Überblendung einfügen. Wollen Sie das Audiofading allerdings manuell festlegen, gibt es eine Sache zu beachten:

! Wenn zwischen zwei Filmclips eine Videoüberblendung vorhanden ist, kann kein manuelles Fading für die Audiospur eingestellt werden. Das Fading wird dann automatisch von der Videoüberblendung festgelegt.

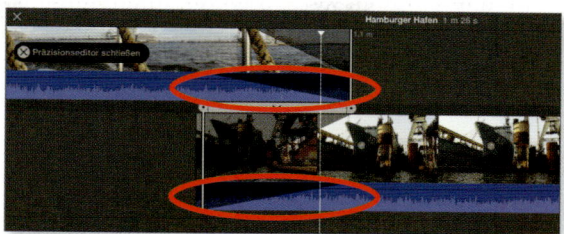

Im Präzisions-Editor erkennt man, dass das Fading bereits von der Videoüberblendung geregelt wird.

Wenn Sie also das Audiofading manuell festlegen wollen, stellen Sie sicher, dass zwischen den Clips keine Überblendung eingefügt ist. Jeder platzierte Clip ohne Überblendung ❸ hat zwei Schieberegler, einen auf der linken ❶ und einen auf der rechten Seite ❷. Die Regler werden automatisch eingeblendet, sobald Sie mit der Maus auf die Audiospur zeigen. Mit den Reglern können Sie die Audiospur am Anfang bzw. Ende des Clips ein- bzw. ausblenden. Dazu müssen Sie nur die Regler nach rechts bzw. links verschieben. In der Wellenform ist die Ein- bzw. Ausblendung an einer schwachen diagonalen Fläche zu erkennen. Auch die Wellenform ändert sich, wenn die Regler für das Fading verschoben werden.

Das Fading ist bei diesem Clip manuell eingestellt worden.

Hintergrundmusik

Eine Hintergrundmusik ist ein gutes Stilmittel, um einen Film interessanter oder auch spannender zu machen. Mit einer Hintergrundmusik können Sie die Stimmung im Film beeinflussen, die Dramatik steigern oder einfach nur Atmosphäre schaffen. Musikdateien als Hintergrundmusik zu verwenden ist in iMovie sehr einfach zu bewerkstelligen.

> In iMovie kann man Audiodateien entweder als Hintergrundmusik oder als norma-
> len Clip in die Timeline hinzufügen. Eine Hintergrundmusik hat den Vorteil, dass
> Änderungen, die Sie an anderen Clip Ihres Films vornehmen, keine Auswirkung
> auf die Hintergrundmusik haben. Dies kann z. B. nützlich sein, wenn Sie Ihren Film
> für einen bestimmten Musiktitel schneiden wollen.

Hinzufügen

iMovie greift grundsätzlich auf die Bibliotheken von iTunes und GarageBand
zu. Die Schnittstellen zu iTunes und GarageBand haben Sie in der Spalte *Mediatheken* bei der *Inhaltsmediathek*. Wenn Sie z. B. *iTunes* ❶ auswählen, wird die
iTunes-Mediathek im Ereignis-Fenster eingeblendet ❷.

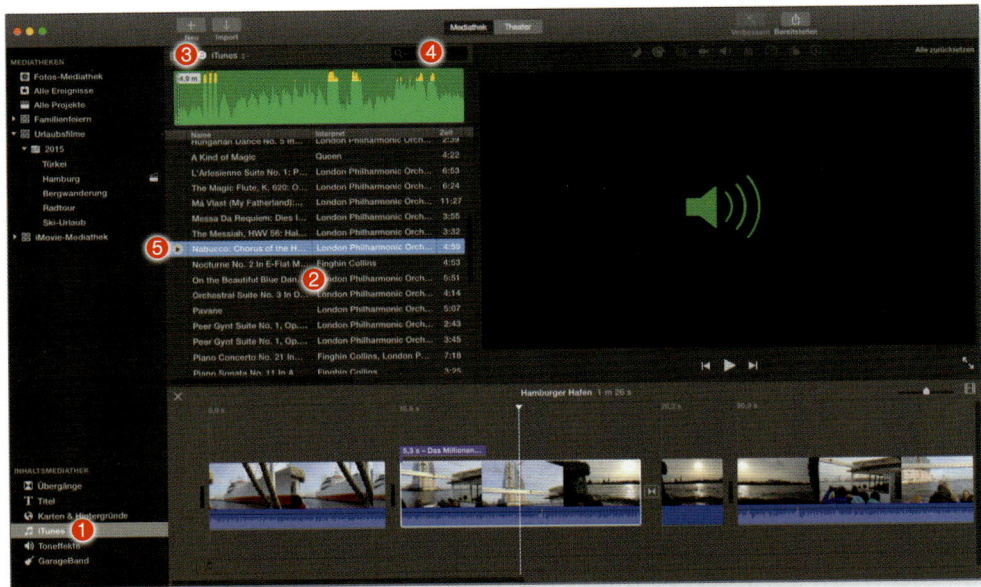

iMovie hat eine Schnittstelle zur iTunes-Mediathek.

Links oben ❸ können Sie aus den unterschiedlichen Wiedergabelisten von
iTunes auswählen. Falls Sie ein ganz bestimmtes Musikstück suchen, können
Sie dessen Namen auch in das Suchfeld ❹ eingeben. Und um ein Musikstück
anzuhören, können Sie den Play-Button ❺ verwenden, der vor jedem ausgewählten Titel erscheint.

Um nun ein Musikstück als Hintergrundmusik in einen iMovie-Film hinzuzufügen, müssen Sie es per Drag & Drop in die Timeline zum Bereich der

Hintergrundmusik ziehen. Der Bereich der Hintergrundmusik ist im unteren Teil der Timeline und wird durch einen gestrichelten Rahmen gekennzeichnet.

> **!** Passen Sie bitte beim Hinzufügen der Hintergrundmusik genau auf, dass Sie sie in den Bereich der Hintergrundmusik ziehen. Wenn Sie nämlich die Audiodatei nur in die Timeline ziehen, wird die Musik wie ein normaler Clip behandelt. Um sicherzugehen, können Sie die Taste **E** verwenden, um den Musiktitel als Hintergrundmusik zu definieren, alternativ geht auch die Funktion **An Hintergrundmusik anhängen** aus dem Menü **Bearbeiten**.

Wenn Sie alles richtig gemacht haben, wird der Audioclip mit einem grünen Hintergrund belegt. Die Musik beginnt automatisch am Anfang des Films und endet mit dem Film. Im Kopf der grünen Fläche sind die Dauer des Musikstücks und dessen Name aufgeführt.

> **!** Einzelne Audioclips sind immer grün gefärbt, während Audiospuren, die zu einem Videoclip gehören, immer blau gefärbt sind.

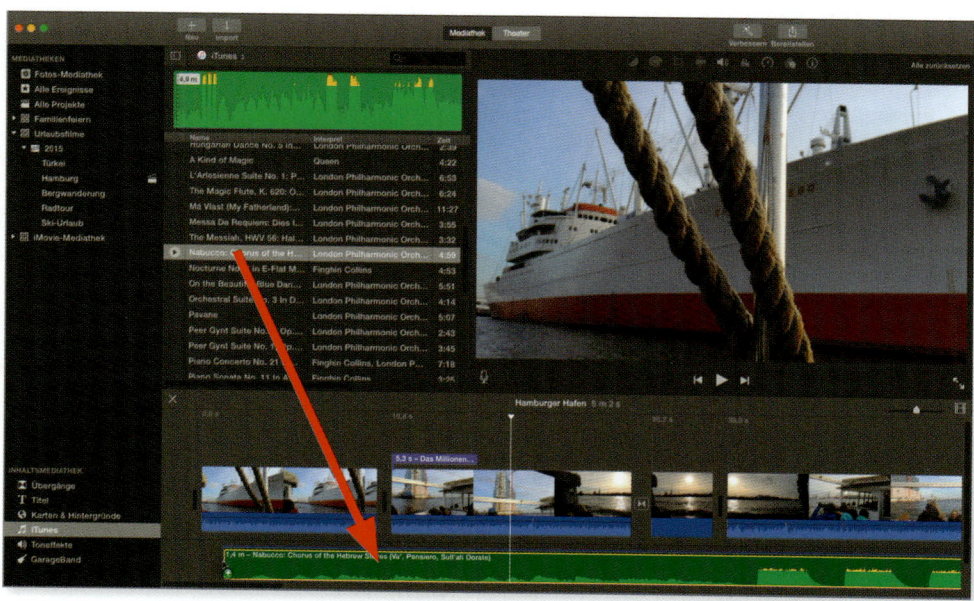

Der Musiktitel wird in den Bereich der Hintergrundmusik gelegt.

Ist das Musikstück länger als der Film, hört es am Ende des Films automatisch auf zu spielen. Wenn Sie neue Clips ins Projekt hinzufügen, wird die Musik automatisch verlängert, bis das Musikstück zu Ende ist. Ist die Musik zu kurz, können Sie am Ende eine weitere Hintergrundmusik hinzufügen. Das geschieht auf die gleiche Weise wie beim ersten Musikstück.

> **!** Hintergrundmusik lässt sich auf die gleiche Weise trimmen oder ein- und ausblenden wie normale Audioclips bzw. Audiospuren.

Lautstärke

Die Lautstärke der Hintergrundmusik lässt sich auf die gleiche Weise ändern wie bei einer Audiospur. Sie können entweder die Linie für die Lautstärke direkt im Audioclip ändern oder die *Anpassungsleiste* verwenden. Die Anpassungsleiste bietet in der Kategorie *Lautstärke* ❶ auch noch die Möglichkeit, die Hintergrundmusik automatisch leiser zu machen, wenn die Audiospur des Filmclips dominieren soll. Dazu müssen Sie zuerst den Filmclip auswählen und anschließend die Option *Lautstärke anderer Clips reduzieren* ❷ einschalten. Mit dem Schieberegler stellen Sie ein, in welchem Maß die anderen Audioclips leiser werden sollen. Sie können die Reduzierung der Lautstärke auch in der Timeline bei der Hintergrundmusik sehen ❸. Der dunklere Bereich kennzeichnet die Änderung der Lautstärke.

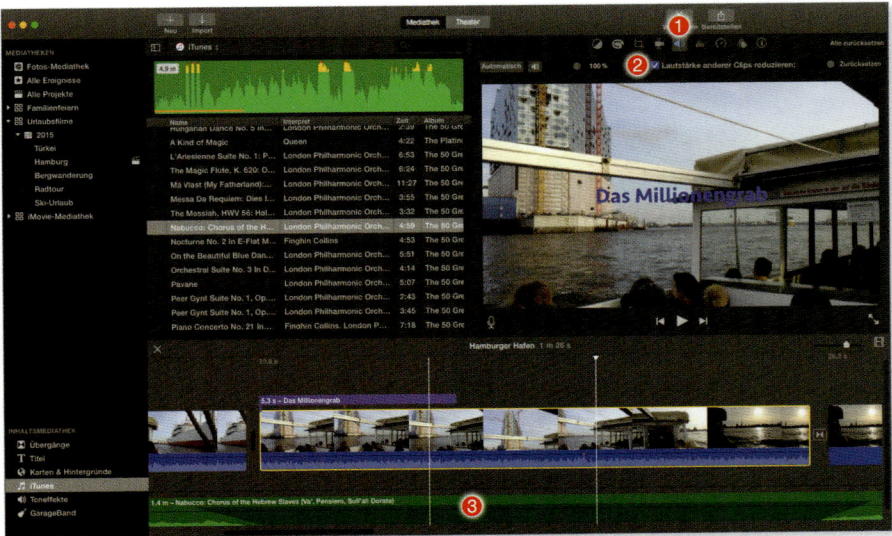

Hintergrundmusik lässt sich automatisch leiser abspielen.

Audioclips

Wie bereits weiter vorne erwähnt, können Sie Musikstücke auch als normale Clips dem Film hinzufügen. Der Vorteil gegenüber einer Hintergrundmusik ist, dass der Audioclip mit einem Filmclip verbunden wird. Wird der Filmclip in der Timeline verschoben, dann verschiebt sich der Audioclip automatisch mit.

Audioclips werden genauso wie eine Hintergrundmusik per Drag & Drop hinzugefügt, nur mit dem Unterschied, dass der Audioclip auf einen Filmclip gezogen wird. Dieser wird dadurch am Filmclip verankert. Wenn Sie Teilbereiche eines Musiktitels verwenden wollen, können Sie in der Titelübersicht im oberen Bereich einen Auswahlrahmen aufziehen und anschließend nur den markierten Teil hinzufügen, ähnlich wie beim Hinzufügen von Filmclips.

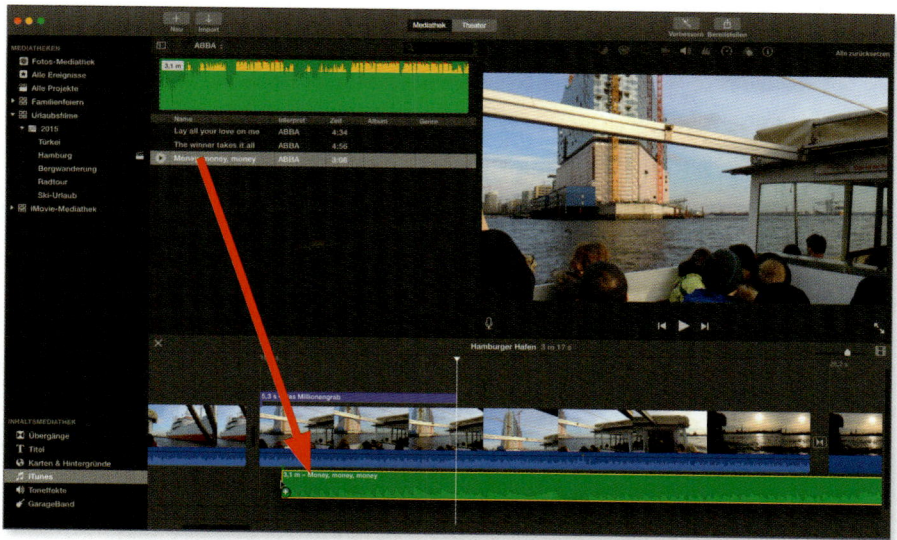

Audioclips werden bei einem Filmclip verankert.

Der verankerte Audioclip lässt sich nun auf die gleiche Weise bearbeiten wie die Audiospur des Filmclips. Sie können ihn trimmen, lauter und leiser stellen, ein- und ausblenden und mit Keyframes arbeiten.

Voiceover

In iMovie gibt es auch eine Funktion, um gesprochenen Text direkt zu einem Film aufzunehmen. Die Funktion heißt Voiceover. Da inzwischen jeder Mac nicht nur eine iSight-Kamera besitzt, sondern auch ein Mikrofon, steht der Aufnahme eigentlich nichts mehr im Wege.

Zuerst müssen Sie den Filmclip, der einen gesprochenen Text bekommen soll, in der Timeline auswählen. Als Nächstes blenden Sie die Voiceover-Funktion ein. Diese finden Sie im Menü *Fenster* unter *Voiceover aufnehmen*. Im Viewer sind nun drei neue Schaltflächen unterhalb der Vorschau aufgetaucht, die für die Voiceover-Funktion benötigt werden.

Die Voiceover-Funktion wird im Viewer angezeigt.

Bevor Sie einen gesprochenen Text aufnehmen, sollten Sie die *Einstellungen* ❶ überprüfen. Dort werden die *Eingabequelle* und die *Lautstärke* der Aufnahme definiert. Damit während der Aufnahme nicht die normale Tonspur des Filmclips oder die Hintergrundmusik abläuft, sollten Sie die Option *Projekt stummschalten* eingeschaltet lassen.

Um nun die Aufnahme zu starten, klicken Sie auf den Aufnahmeknopf ❷. Nach einem Countdown von drei Sekunden können Sie Ihren Text sprechen. Sie können während der Aufnahme beim Filmclip beobachten, wie die neue Tonspur hinzugefügt wird. Zum Anhalten der Aufnahme klicken Sie erneut auf das Mikrofonsymbol oder drücken einmal die *Leertaste*.

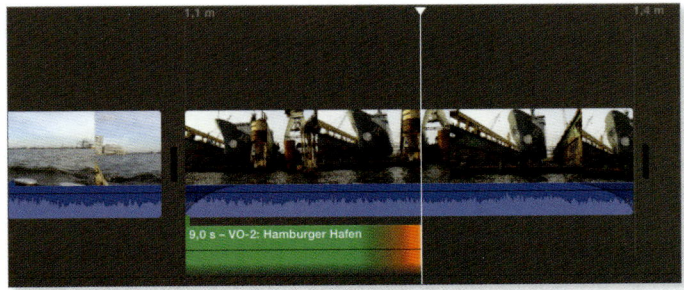

Der farbige Balken beim Audioclip kennzeichnet eine Voiceover-Aufnahme, die gerade gemacht wird.

Nach Beendigung der Aufnahme steht der Audioclip zur weiteren Bearbeitung in der Timeline zur Verfügung. Sie können ihn nun trimmen, lauter oder leiser stellen oder auch wieder löschen.

Toneffekte

Die Hintergrundmusik ist nur eine Möglichkeit, einen iMovie-Film mit Audiodateien aufzupeppen. Sie können jedem Videoclip auch einen Toneffekt zuweisen. Toneffekte sind sehr kurze Audiodateien, die zum Hervorheben von Szenen und Situationen in einem Film verwendet werden. Wie bei den Audioclips wird der Toneffekt mit dem Filmclip verankert.

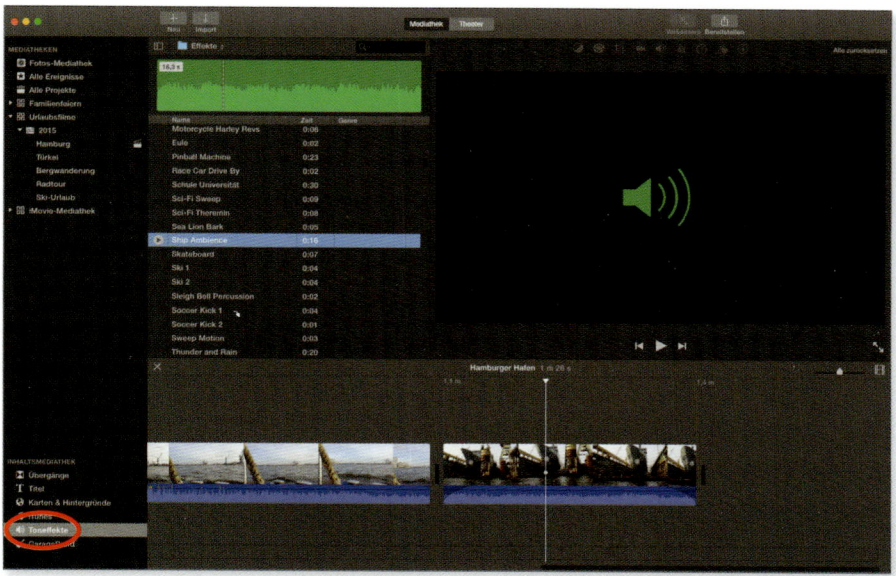

Die Toneffekte von iMovie.

iMovie bietet eine ganze Reihe kostenloser Toneffekte. Wählen Sie in der *Inhaltsmediathek* den Eintrag *Toneffekte* aus, um sich das Übersichtsfenster anzeigen zu lassen. Wie bei den Audioclips können Sie einen Toneffekt per Drag & Drop einem Filmclip hinzufügen. Dabei sind Sie nicht nur auf einen Toneffekt beschränkt. Sie können mehrere Toneffekte zum gleichen Zeitpunkt ablaufen lassen.

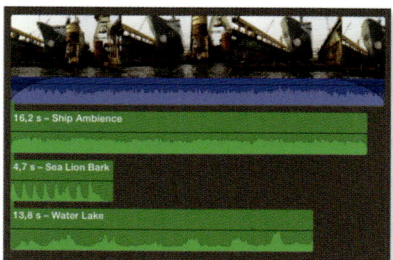

Dieser Filmclip verwendet drei Toneffekte gleichzeitig.

Audiobearbeitung

Ein platzierter Toneffekt wird wie ein Audioclip behandelt. Man kann ihn also trimmen, lauter oder leiser stellen, ein- und ausblenden, verschieben oder wieder entfernen.

> Natürlich können Sie auch eigene Toneffekte oder Musikstücke in iMovie integrieren. Sie müssen die Dateien nur vorher mit der Importfunktion (**cmd + I**) in iMovie hinzufügen.

Audio- und Videospur trennen

In iMovie kann die Audiospur eines Filmclips von der Videospur getrennt werden. Die Audiospur wird dann als selbstständiger Audioclip innerhalb des Films behandelt. Sie lässt sich trimmen, verschieben oder auch einfach löschen.

Um die Audiospur von einem Filmclip zu trennen, müssen Sie diesen natürlich zuerst auswählen. Danach führen Sie im Menü *Ändern* die Funktion *Audio trennen* (*cmd + alt + B*) aus. Die Audiospur ist nun als grüner Audioclip unterhalb des Filmclips platziert. Zum Löschen der Audiospur müssen Sie nur die *Backspace*-Taste drücken.

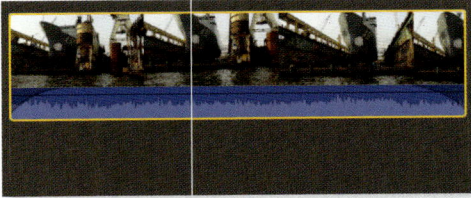
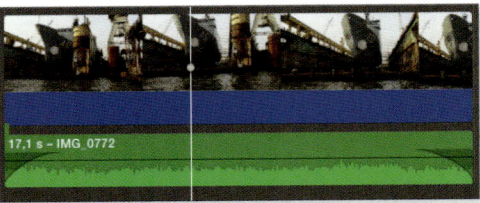

Links sind die Audio- und die Videospur noch zusammen, während rechts die beiden voneinander getrennt sind.

> Die Trennung einer Audiospur von der Videospur kann nicht mehr rückgängig gemacht werden. Da die Trennung aber nur in der Timeline bzw. innerhalb des Films erfolgt, können Sie den ursprünglichen Filmclip in der Ereignis-Mediathek einfach noch mal platzieren, damit der Filmclip wieder seine Audiospur hat.

Fotos und Standbilder

Neben Videoclips und Audiodateien sind Fotos ein weiteres Element, das man in einem iMovie-Film verwenden kann. iMovie greift beim Platzieren von Bildern als Standbilder auf die Bibliothek vom Programm *Fotos* zurück. Wenn Sie in iMovie auf die Fotos-Mediathek links oben klicken, werden rechts daneben die Bilder von Fotos eingeblendet.

Im oberen Teil haben Sie Zugriff auf alle Ereignisse und Bibliotheken. Der untere Bereich zeigt die Bilder an. Rechts oben haben Sie auch die Möglichkeit, nach einem bestimmten Foto zu suchen. Sie müssen in das Suchfeld nur einen entsprechenden Begriff eingeben.

iMovie hat Zugriff auf die Bilder von Fotos.

Fotos hinzufügen

Um nun ein Foto einem iMovie-Film hinzuzufügen, müssen Sie es nur mit der Maus nehmen und per Drag & Drop ins Projekt ziehen. Standardmäßig wird das Foto als Standbild mit Ken-Burns-Effekt mit einer Länge von vier Sekunden platziert.

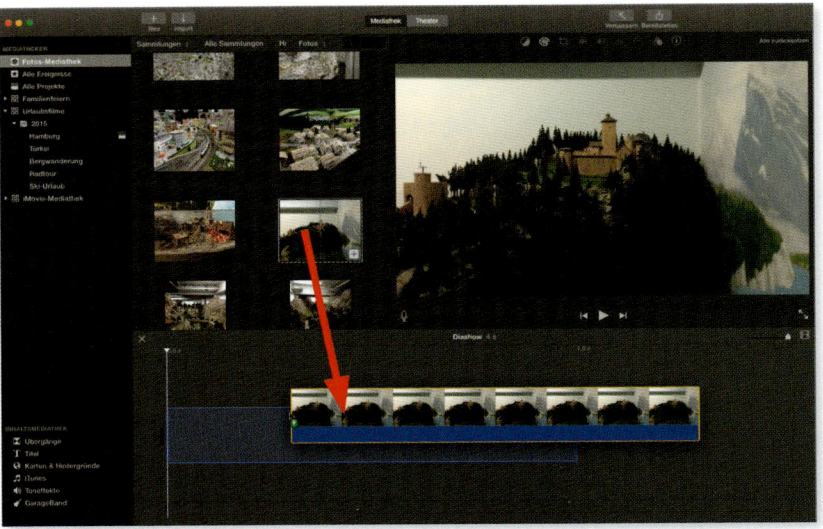

Fotos können per Drag & Drop hinzugefügt werden.

Standbild erzeugen

Neben den Bildern von Fotos und der Möglichkeit, Bilddateien zu importieren, können Sie auch noch ein Standbild von einem Filmclip erzeugen. Dazu setzen Sie zuerst in der Timeline den Abspielkopf auf das Bild, von dem Sie ein Standbild haben möchten. Anschließend wählen Sie die Funktion *Standbild hinzufügen* (*alt + T*) aus dem Menü *Ändern*. Der Filmclip wird dadurch an der Position des Abspielkopfs getrennt, und dazwischen wird das Standbild eingefügt.

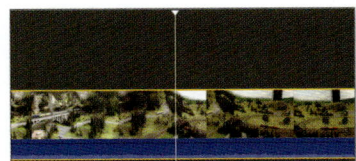 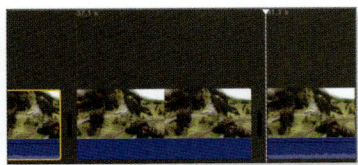

Zuerst wird der Abspielkopf platziert (links) an dessen Position dann das Standbild generiert wird (rechts).

Dauer des Standbilds ändern

Die Dauer eines Fotos und der Ken-Burns-Effekt können nachträglich noch geändert werden. Dazu benötigen Sie die *Anpassungsleiste* und dort die Kategorie *Infos* ❶. Im Feld Dauer ❷ kann die Länge des Fotos festgelegt werden. Wie bei den Filmclips können Sie Fotos auch mit einem Videoeffekt versehen (siehe Kapitel „Anpassungen und Effekte" auf Seite 86). Ein Mausklick auf die Kategorie *Video- und Audioeffekte* ❸ und anschließend auf die Schaltfläche Videoeffekt genügt, um die Videoeffektübersicht zu öffnen. Da iMovie die Originale niemals verändert, können Sie zu jedem Zeitpunkt den Videoeffekt wieder entfernen.

Die Dauer eines Fotos wird im Infobereich geändert.

> **!** Die Dauer eines Fotos kann natürlich auch direkt in der Timeline geändert werden. Dazu müssen Sie nur den rechten Rand des Fotoclips verlängern oder verkürzen.

Ken-Burns-Effekt

Damit Fotos nicht regungslos im Film liegen, werden sie beim Platzieren automatisch mit einer Animation versehen, dem Ken-Burns-Effekt. Dieser Effekt ist Ihnen vielleicht schon aus Fotos bekannt, wenn Sie dort eine Diashow erstellen. Bei der Animation wird in das Bild hinein- bzw. herausgezoomt. Die Animation kann nachträglich geändert und auch entfernt werden.

Den Ken-Burns-Effekt finden Sie in der *Anpassungsleiste* in der Kategorie *Beschneiden* ❶. Dort gibt es den Bereich *Ken Burns* ❷, der alle nötigen Einstellungen enthält. Im Viewer sehen Sie zwei Rahmen, einer steht für das Startbild ❸ und einer für das Endbild ❹ der Animation. Die Rahmen können Sie beliebig verschieben und skalieren, um die Bildausschnitte für die Animation zu ändern. Mit einem Klick auf den Button *Tauschen* ❺ können Sie Start- und Endbild vertauschen. Und die Schaltfläche mit dem Häckchen ❻ übernimmt die Einstellungen für den Clip.

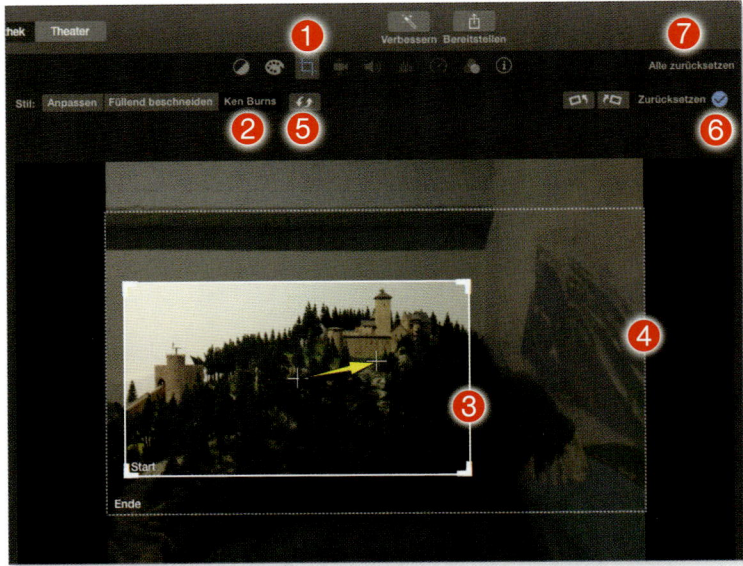

Der Ken-Burns-Effekt kann beliebig justiert werden.

> **!** Wenn Sie alle Anpassungen aus dem Fotoclip entfernen wollen, klicken Sie auf
> **Alle zurücksetzen** ❼. Damit werden sämtliche Einstellungen des Clips entfernt.
> Das funktioniert auch mit Filmclips.

Voreinstellungen

Jedes platzierte Foto wird standardmäßig mit einer Länge von vier Sekunden
platziert und hat den Ken-Burns-Effekt. Man kann zwar die Dauer und den
Effekt nachträglich ändern, wenn Sie aber lieber Standbilder mit einer Länge
von sechs Sekunden und ohne Ken-Burns-Effekt platzieren wollen, dann müssen
Sie die Voreinstellungen des Films ändern.

Im Menü *Fenster* befinden sich die *Filmeigenschaften* (*cmd + J*), die über dem
Viewer eingeblendet werden. Klicken Sie dort auf die Schaltfläche *Einstellungen*.

In den „Filmeigenschaften" haben Sie Zugriff auf die „Einstellungen" des aktuellen Films.

Mit dem Regler Clips Ⓐ kann die Standardlänge von Fotos bzw. Standbildern eingestellt werden, die neu in den Film platziert werden. Wenn Sie den Ken-Burns-Effekt ausschalten wollen, dann wechseln Sie im Menü *Fotoplatzierung* Ⓑ zu der Option *Anpassen* oder *Füllend beschneiden*. Mit *Anpassen* werden die Fotos beim Einfügen auf die Größe des Films angepasst und haben keine Animation. Dadurch können aber schwarze Ränder entstehen. Die andere Option, *Füllend beschneiden*, zeigt den größtmöglichen Teil des Fotos an. Unter Umständen wird das Foto allerdings beschnitten und nicht komplett angezeigt.

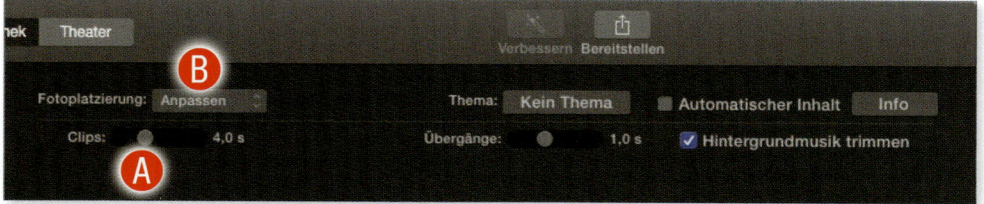

Die Grundeinstellungen für das Platzieren von Fotos bzw. Standbildern.

> **!** Die Änderungen, die Sie in den Einstellungen vornehmen, wirken sich nur auf Fotos aus, die neu platziert werden. Bilder, die bereits in der Timeline enthalten sind, werden dadurch nicht geändert bzw. beeinflusst.

Anpassungen und Effekte

Dreh- und Angelpunkt von iMovie-Filmen sind die Clips. Sie enthalten das Videomaterial und bestimmen das Aussehen des Films. iMovie bringt verschiedene Funktionen mit, um einen Clip anzupassen, zu bearbeiten und mit Effekten zu belegen. Die Anpassungen und Effekte können mit Film-, Foto- und Audioclips durchgeführt werden.

 Für die Anpassungen und Effekte benötigen Sie die **Anpassungsleiste**. Diese enthält alle Manipulationsmöglichkeiten für die Clips.

Clips drehen und beschneiden

Bei manchen Videoclips oder Standbildern ist das Motiv möglicherweise zu klein geraten oder zu weit weg aufgenommen. In solchen Fällen können Sie einen Clip nachträglich in iMovie beschneiden und damit das Motiv im Clip vergrößern. Zusätzlich kann ein Videoclip auch um 90 Grad gedreht werden. Das Drehen ist z. B. erforderlich, wenn das Videomaterial mit seitlich gehaltener Kamera aufgenommen wurde. Dieses Feature ist auf Wunsch von Handybesitzern aufgenommen worden. Die meisten Filmer mit Mobiltelefonen drehen ihre Filme im Hochformat, die dann in iMovie um 90 Grad gedreht werden können.

Beschneiden

Clips können einfach beschnitten werden. Zuerst müssen Sie den Clip natürlich auswählen. In der Kategorie *Füllend beschneiden* ❶ finden Sie die Option zum Zuschneiden des Clips ❷. Der Rahmen ❸, der im Viewer angezeigt wird, legt den Ausschnitt des Clips fest. Sie können ihn beliebig positionieren oder an den Ecken skalieren. Damit der Zuschnitt auf den Clip angewendet wird, müssen Sie das blaue Häckchen ❹ anklicken. Die Schaltfläche *Zurücksetzen* direkt daneben entfernt den Beschnitt und macht die Einstellung rückgängig.

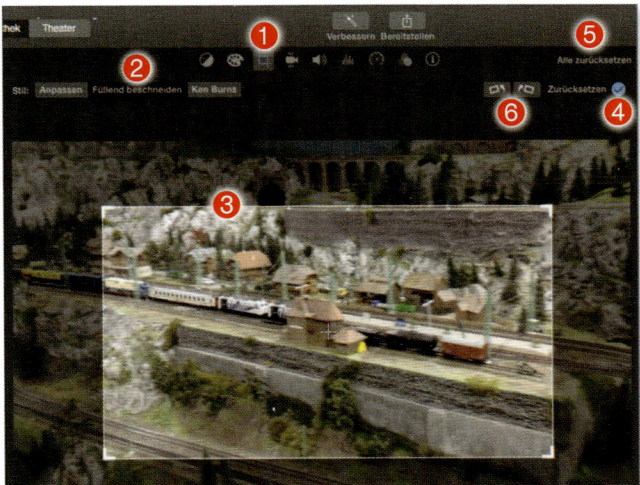

Ein Filmclip wird zugeschnitten.

Drehen

Das Drehen von Videoclips ist genauso einfach wie das Beschneiden. Die Vorgehensweise ist ähnlich: zuerst natürlich den gewünschten Clip auswählen und die Anpassungsleiste öffnen. Im Bereich *Füllend beschneiden* finden Sie zwei Schaltflächen , mit denen Sie den Clip um 90 Grad nach links oder rechts drehen können.

> ! Wollen Sie alle Änderungen im Clip entfernen, klicken Sie auf die Schaltfläche .

Farbanpassungen

Beim Filmen kann es vorkommen, dass das aufgenommene Material zu hell oder zu dunkel ist oder einen Farbstich aufweist. Für solche Fälle hat iMovie Farbanpassungen parat. Mit deren Hilfe können Sie die Darstellung der Filmclips korrigieren. Die Farbanpassungen sind auf zwei Kategorien in der *Anpassungsleiste* verteilt, die *Farbbalance* und die *Farbkorrektur*.

Farbbalance

Mit den Funktionen der Farbbalance können Sie die Färbung und die Helligkeit eines Clips anpassen. iMovie hat vier Methoden dafür vorgesehen:

- Automatisch
- Zielfarbe
- Weißabgleich
- Hauttonbalance

Die „Farbbalance" verbessert die Helligkeit und die Farbgebung.

- *Automatisch:* Mit dieser Option versucht iMovie, Farbstiche automatisch aus dem Clip zu entfernen. Dabei werden der Kontrast, die Farbgebung und die Helligkeit angepasst.

- *Zielfarbe:* Diese Funktion ist dazu gedacht, die Farbgebung von zwei Clips aneinander anzupassen. Wenn Sie z. B. zwei Clips haben, die bei unterschiedlichen Lichtverhältnissen aufgenommen wurden, können Sie mit dieser Funktion die Farben der beiden Clips anpassen. Der Viewer wird in zwei Bereiche geteilt, wobei rechts ❷ der Clip erscheint, der verändert wird. Im linken Bereich ❶ wird der Clip angezeigt, dessen Farbgebung übernommen werden soll. Um den angezeigten Clip im linken Bereich zu wechseln, müssen Sie nur in der Timeline oder der Ereignis-Mediathek einen anderen Clip auswählen. Die Anpassung wird damit auch sofort auf den rechten Clip angewendet. Mit den Tasten bei ❸ können Sie die Anpassung wieder entfernen ⊠ oder in den Clip einrechnen lassen ☑.

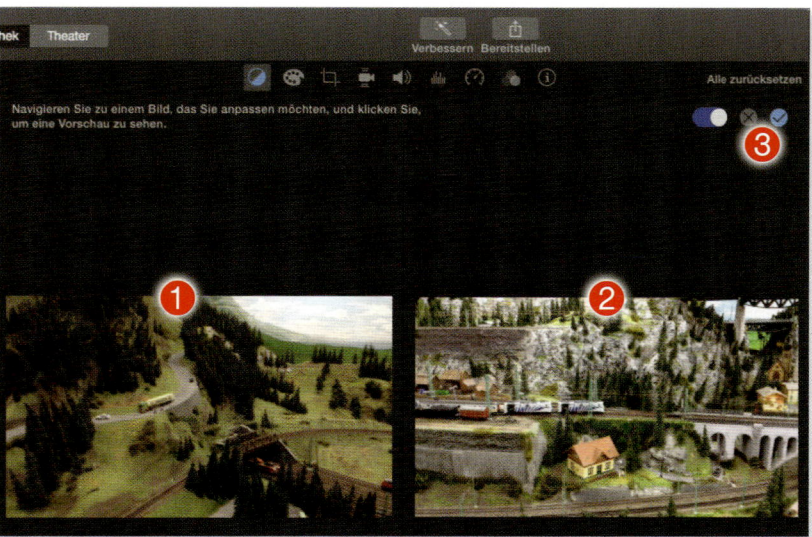

Die Farbgebung des linken Clips wird auf den rechten Clip angewendet.

- *Weißabgleich:* Mit dieser Funktion können Sie Farbstiche aus Clips entfernen. Sie müssen mit der Maus nur in einen Bereich des Clips klicken, der als weiß gelten soll. Die restliche Farbgebung wird entsprechend der angeklickten Bildstelle angepasst und der Farbstich somit beseitigt.

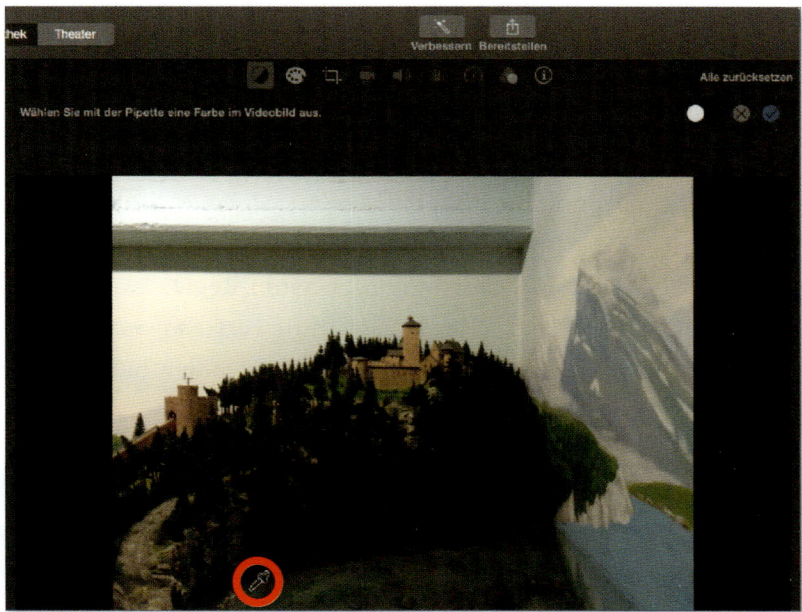

Der Clip hat einen Stich ins Rote und Gelbe. Ein Mausklick auf eine hellere Stelle …

… und der Stich ist beseitigt. Der Regler „Ein" kann verwendet werden, um zwischen dem ursprünglichen Clip und der Veränderung hin- und herzuwechseln.

- *Hauttonbalance:* Diese Funktion können Sie verwenden, um die Hauttöne in einem Clip zu verbessern. Wie beim Weißabgleich können damit Farbstiche in den Hauttönen neutralisiert werden. Ein Mausklick auf eine Stelle mit Haut genügt.

Farbkorrekturen

Die *Farbkorrekturen* ❶ sind die zweite Methode, um das Aussehen von Clips zu verändern. Ihnen stehen drei Einstellmöglichkeiten zur Verfügung. Der erste Regler verändert die *Helligkeit* ❷, mit dem zweiten Regler kann die *Sättigung* ❸ beeinflusst werden. Der dritte Regler ist für die *Farbtemperatur* ❹ zuständig. Alle Einstellungen, die Sie mit diesen Funktionen gemacht haben, können Sie wieder entfernen, wenn Sie auf *Zurücksetzen* klicken.

Die drei Regler für die Farbkorrektur eines Clips.

Stabilisierung

Beim Filmen mit einer Kamera kann es schon mal passieren, dass man einen Schwenk zu schnell ausführt oder die Kamera nicht ruhig hält. Dadurch entstehen natürlich verwackelte oder auch verzerrte Aufnahmen. iMovie bietet eine Möglichkeit, solche Aufnahmefehler automatisch zu korrigieren.

In der *Anpassungsleiste* gibt es eine Kategorie mit dem Namen *Stabilisierung*. Diese enthält zwei Funktionen, um einen Filmclip zu verbessern. Mit der Option

Verwackeltes Video stabilisieren können Sie unruhige Aufnahmen etwas glätten. Der Schieberegler bestimmt dabei den Grad der Korrektur.

Die Stabilisierungsoptionen von iMovie.

Die meisten handelsüblichen Camcorder und Digitalkameras arbeiten mit CMOS-Bildsensoren, die das aufgezeichnete Bild stufenweise und nicht auf einmal belichten. Wird die Kamera während der Aufnahme stark bewegt oder werden schnelle Bewegungen aufgenommen, kann es zu Bildfehlern kommen. Dadurch wirkt das Bild verwackelt oder verzerrt. Mit der zweiten Option *Rolling Shutter korrigieren* können solche Verzerrungen verringert werden. In dem kleinen Menü rechts daneben können Sie den Grad der Korrektur festlegen.

 Je nach Länge des Filmclips und Stärke der Stabilisierung kann die Berechnung etwas länger dauern, da jedes Einzelbild des Clips bearbeitet werden muss. Ein schneller Rechner ist hier also von Vorteil.

Lautstärke

Die Kategorie *Lautstärke* in der *Anpassungsleiste* enthält Einstellungen für die Lautstärke. Eine genaue Beschreibung der Funktionen finden Sie im Abschnitt „Audiobearbeitung" ab Seite 63.

Rauschunterdrückung und Equalizer

Es gibt noch eine zweite Kategorie, über die Audioclips korrigiert bzw. verbessert werden können. Der Bereich *Rauschunterdrückung und Equalizer* enthält zwei Einstellungen. Die Option *Hintergrundrauschen reduzieren* verringert die Hintergrundgeräusche wie z. B. Wind oder Motorengeräusche von vorbeifahrenden Fahrzeugen. Mit dem Regler können Sie festlegen, wie stark die Geräusche reduziert werden sollen. iMovie hält auch einen *Equalizer* bereit, mit dem Sie z. B. Stimmen hervorheben oder Bässe reduzieren können.

Die Einstellungen für die Hintergrundgeräusche und den Equalizer.

Videoeffekte

Änderungen der Farben, des Kontrastes oder der Helligkeit sind nur einige Funktionen, die iMovie für die Manipulation von Filmclips bereithält. Es gibt auch noch eine ganze Menge von Videoeffekten, die auf Film- und Fotoclips angewendet werden kann.

Die Kategorie *Video- und Audioeffekte* ❶ enthält die *Videoeffekte*. Ein Mausklick auf die Schaltfläche ❷ öffnet ein kleines Fenster ❸, in dem Sie aus 20 unterschiedlichen Videoeffekten auswählen können. Um eine Vorschau zu sehen, reicht es aus, wenn Sie den Mauszeiger auf einen der Effekte platzieren. Im Viewer läuft dann eine Vorschau mit dem Videoeffekt ab. Erst wenn Sie den Effekt anklicken, wird er endgültig auf den Film- oder Fotoclip angewendet. Zum Entfernen des Videoeffekts können Sie die Schaltfläche *Zurücksetzen* verwenden.

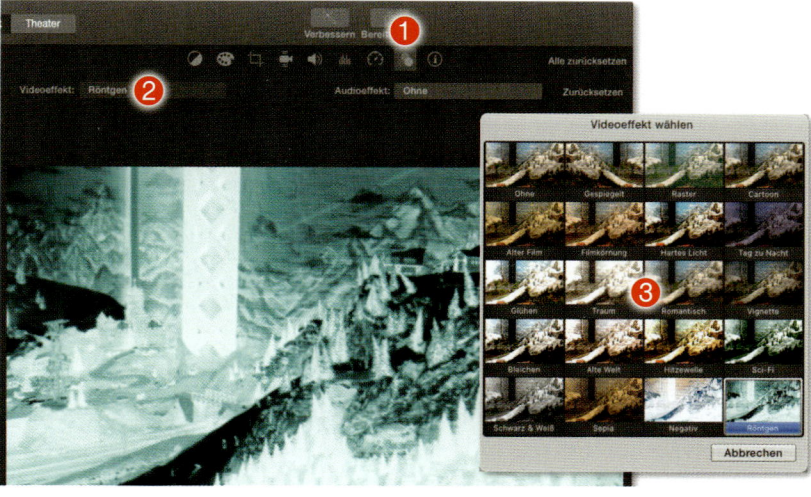

iMovie hat eine ganze Reihe von eindrucksvollen Videoeffekten.

Audioeffekte

Nicht nur die Filmclips können manipuliert werden, sondern auch die Audio-clips bzw. die Audiospuren. In der Kategorie *Video- und Audioeffekte* Ⓐ gibt es auch eine Einstellung für *Audioeffekte*. Ein Mausklick auf die Schaltfläche Ⓑ öff-net ein Fenster Ⓒ mit 20 verschiedenen Audioeffekten, die Sie auf den aktuellen Clip anwenden können. Wie bei den Videoeffekten erhalten Sie eine Vorschau bzw. Hörprobe, wenn Sie die Maus auf einen der Effekte platzieren. Erst ein Mausklick fügt den Effekt hinzu.

Die Audioeffekte von iMovie.

Zeitlupe und Zeitraffer

Ein wichtiges Element bei der Gestaltung eines Films ist die Abspielgeschwin-digkeit. Zeitlupe und Zeitraffer bringen besonders spannende und auch lustige Momente und machen einen Film für den Betrachter interessanter. iMovie hat natürlich Funktionen integriert, mit denen Sie einen Filmclip beschleunigen oder verzögern können.

Zuerst muss natürlich in der Timeline der Filmclip, dessen Abspielgeschwin-digkeit geändert werden soll, ausgewählt werden. Anschließend wählen Sie die Funktion *Zeitlupe* oder *Schneller Vorlauf* aus dem Menü *Ändern*. Beide Funktionen bieten voreingestellte Geschwindigkeiten.

Sobald Sie eine Zeitlupe oder einen Zeitraffer auf einen Clip angewendet haben, erscheint in der Mitte des Clips entweder eine Schildkröte (Zeitlupe) oder ein Hase (Zeitraffer). Anhand dieser Symbole können Sie sofort erkennen, ob die Geschwindigkeit eines Clips geändert wurde.

Die Abspielgeschwindigkeit lässt sich nachträglich noch in der Anpassungs-leiste ändern. Im Bereich *Geschwindigkeit* ❶ finden Sie die Einstellungen dafür. Dort können Sie aus den Voreinstellungen wählen ❷ oder mit der Option *Ange-passt* einen eigenen Wert eingeben. Ein Filmclip kann sogar *Rückwärts* ❸ abge-spielt werden. Wenn diese Option aktiviert ist, zeigen die Schildkröte bzw. der Hase nach links zum Anfang des Clips.

Die Geschwindigkeitseinstellungen für einen Filmclip.

Bei der Zeitlupe und dem Zeitraffer wird ja nicht nur die Filmspur verändert, sondern auch die Audiospur eines Clips. Damit nun der Ton durch die Verän-derung der Geschwindigkeit nicht zu tief (Zeitlupe) oder zu hoch (Zeitraffer) klingt, können Sie mit der Option *Tonhöhe beibehalten* ❹ diesen negativen Effekt korrigieren.

Die Abspielgeschwindigkeit lässt sich auch direkt im Clip mit dem Geschwindig-keitsregler ❺ verändern. Wenn Sie ihn nach links schieben, wird der Clip schneller, und wenn Sie ihn nach rechts schieben, langsamer. Der Regler erscheint norma-lerweise, sobald Sie die Geschwindigkeit eines Clips im Menü **Ändern** geändert haben. Sie können ihn aber auch manuell sichtbar machen. Führen Sie dafür einen Rechtsklick auf einen Clip aus und wählen Sie im Kontextmenü die Option **Ge-schwindigkeitseditor einblenden (cmd + R)**.

Die Geschwindigkeit kann auch direkt in der Timeline justiert werden.

Instant Replay und Zurückspulen

Vielleicht sind Ihnen im Menü *Ändern* die beiden Optionen *Instant Replay* und *Zurück* aufgefallen, als Sie die Geschwindigkeit eines Clips einstellen wollten. Diese beiden Optionen sind voreingestellte Geschwindigkeitseffekte. Bestimmt haben Sie bei einer Sportübertragung schon mal eine Zeitlupenaufnahme gesehen, bei der das Wort „Instant Replay" oder „Zeitlupe" eingeblendet ist. So etwas können Sie in iMovie mit nur wenigen Mausklicks auch erstellen.

Zuerst markieren Sie in der Timeline den Clip, der den Effekt bekommen soll. Anschließend wählen Sie aus dem Menü *Ändern* die Funktion *Instant Replay* mit der gewünschten Geschwindigkeit aus. iMovie fügt nun am Ende des Clips eine Kopie ❶ mit verringerter Geschwindigkeit und einen Titel ❷ hinzu. Im Clip können Sie dann auch den Geschwindigkeitsregler und das Schildkrötensymbol sehen. Der Text ❸ für den Titel lässt sich auf gewohnte Weise verändern (siehe Kapitel „Titel" ab Seite 51).

Diesem Clip wurde der Geschwindigkeitseffekt „Instant Replay" hinzugefügt.

Neben *Instant Replay* gibt es auch noch den Effekt *Zurück*. Damit wird automatisch eine Kopie eines Clips erstellt, die zuerst rückwärts und anschließend wieder vorwärts läuft. Im Menü *Ändern* können Sie bei *Zurück* auswählen, wie oft der Clip zurückgespult werden soll. Dementsprechend entstehen mehrere Kopien, die in der Timeline nahtlos aneinandergereiht sind. Dabei erhält jede

Clipsequenz einen eigenen Geschwindigkeitsregler. So können Sie nachträglich die Geschwindigkeiten der einzelnen Sequenzen noch beeinflussen.

Bei diesem Clip wurde „Zurückspulen" angewendet. Man kann dies an den drei Geschwindigkeitsreglern erkennen.

Geschwindigkeit zurücksetzen

iMovie hat eine zentrale Funktion, mit deren Hilfe Sie mit einem Mausklick die Geschwindigkeitseinstellungen von Filmclips wieder auf normal zurückstellen können. Besonders beim Entfernen von *Zurück* oder *Instant Replay* ist die Funktion sehr nützlich. Sie finden Sie im Menü *Ändern* bei *Geschwindigkeit zurücksetzen*. Die Tastenkombination dafür lautet *alt + Shift + R*.

Anpassungen kopieren

Ein Clip kann auf vielfältige Weise in iMovie angepasst werden. Wenn Sie einen Clip eingestellt haben und die Einstellungen, wie z. B. das Tempo oder den Videoeffekt, auch auf andere Clips anwenden wollen, dann brauchen Sie nicht alles erneut festzulegen. Sie haben die Möglichkeit, die Anpassungen eines Clips auf beliebig viele andere Clips zu übertragen.

Die Vorgehensweise ist einfach. Zuerst wählen Sie den Clip aus, der die Anpassungen enthält. Danach drücken Sie die Tastenkombination *cmd + C*, um den Clip zu kopieren. Nun wählen Sie die Clips aus, welche die Einstellungen bekommen sollen. Als letzten Arbeitsschritt öffnen Sie das Menü *Bearbeiten* und wählen in der Funktion *Anpassungen einsetzen* die gewünschte Anpassung aus, die übernommen werden soll. Fertig!

Die Anpassungen eines Clips können gezielt auf andere Clips übertragen werden.

Trailer

Ein Trailer ist ein aus einigen kurzen Filmszenen zusammengesetzter Clip zum Bewerben einer Veröffentlichung. Der Zweck eines Trailers ist es, dem Publikum einen Vorgeschmack auf das Filmereignis zu geben. Trailer sind in der Filmindustrie seit jeher ein Werkzeug, um das Publikum auf Filme aufmerksam zu machen und das Interesse dafür zu wecken. Mit iMovie haben Sie nun ein Werkzeug an der Hand, mit dem Sie auch mit wenigen Arbeitsschritten einen professionellen Trailer für z. B. einen Videoabend produzieren können.

Trailer anlegen

Einen Trailer zu erstellen ist sehr einfach. Zuerst müssen Sie im Projektfenster einen neuen Trailer anlegen. Verwenden Sie dafür die Tastenkombination *cmd + Shift + N* oder die Funktion *Erstellen* in der Symbolleiste.

Ein neuer Trailer kann mit der „Erstellen"-Funktion angelegt werden.

iMovie bietet 29 verschiedene Themen an. Mit einem Mausklick auf den Abspielknopf in der Mitte des jeweiligen Themas können Sie eine Vorschau abspielen lassen. Für jede Vorlage hat iMovie auch eine passende Hintergrundmusik, die vom Londoner Symphonieorchester gespielt wird.

Unterhalb des Vorschaubereichs erscheinen die Länge und auch die Anzahl der Darsteller für die Trailervorlage. Im Verlauf der Trailerproduktion werden Sie nämlich aufgefordert, Clips von unterschiedlichen Personen auszuwählen. Es ist also ratsam, eine Trailervorlage für die richtige Anzahl von Darstellern auszuwählen.

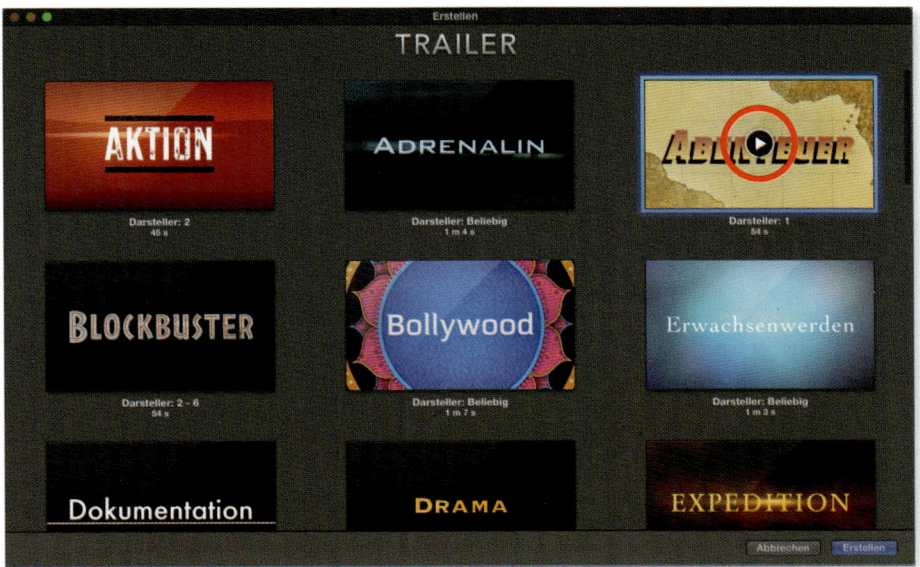

iMovie bietet 29 verschiedene Trailervorlagen.

> **!** Sie sollten sich die Wahl der Trailervorlage genau überlegen, da man das Thema eines Trailers nachträglich nicht mehr ändern kann.

Trailer zusammenstellen

Sobald Sie ein Trailerthema gewählt und den Namen und Speicherort bestätigt haben, erscheint im Projektfenster eine Anzeige mit drei Registern. Mithilfe dieser Register werden die Informationen und die Clips für den Trailer zusammengestellt.

Übersicht

Das Register *Übersicht* enthält Informationen über den Film, wie z. B. den Filmnamen, die Namen der Darsteller, des Regisseurs oder der Produktionsleitung. Zum Ändern der Angaben müssen Sie nur auf den entsprechenden Text klicken und ihn überschreiben. Die angegebenen Daten werden für den Vorspann, Abspann bzw. für Texteinblendungen im Trailer verwendet.

> **!** Wenn Sie mit der Maus auf einen der einzelnen Bereiche zeigen, wie z. B. **Studio**, dann erhalten Sie im Viewer eine Vorschau dieses Bereichs.

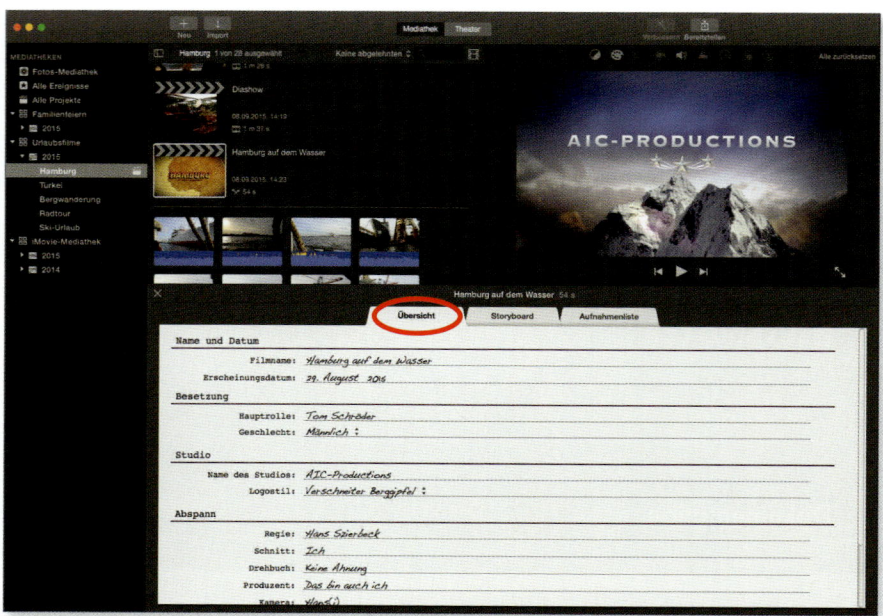

Informationen über den Film für die Verwendung im Trailer.

> **!** Die Infos können zu jedem Zeitpunkt editiert werden. Es ist also nicht nötig, die Eingaben gleich zu Beginn der Trailerproduktion zu tätigen. Sie können sie durchaus auch erst zum Schluss machen. Wichtig ist nur, dass keines der Felder leer sein darf, da ansonsten der Trailer nicht exportiert werden kann.

Storyboard

Im Register *Storyboard* werden schließlich die Clips und die Texte für den Trailer angegeben. Die Clipreihenfolge ist von einem Schema vorgegeben, das durch Platzhalter gekennzeichnet ist. Sie müssen eigentlich nur den ersten Platzhalter im Projektfenster anklicken und dann aus Ihrer Mediathek den gewünschten Clip auswählen. iMovie springt danach sofort zum nächsten Platzhalter. Sie brauchen also nur nacheinander die gewünschten Clips auszuwählen. Jede Clipauswahl befördert Sie automatisch zum nächsten Platzhalter. Sie müssen sich beim Platzieren aber nicht an diese Reihenfolge halten. Sie können einen beliebigen Platzhalter im Storyboard auswählen und dort einen Filmclip einfügen.

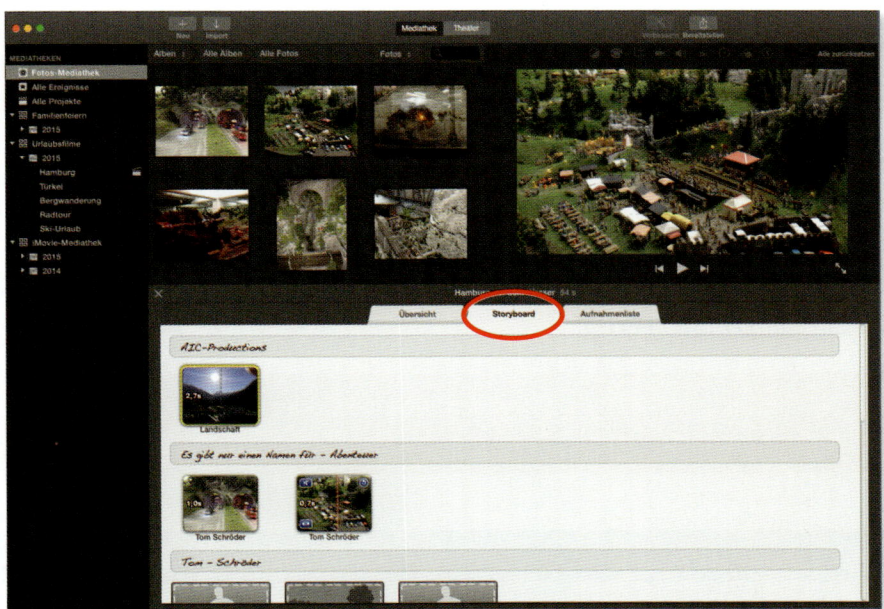

Die Clips werden Schritt für Schritt in die Platzhalter eingefügt.

Zwischen den platzierten Clips sehen Sie einzelne Textzeilen. Diese Zeilen beinhalten den Text, der im Trailer eingeblendet wird. Er kann von Ihnen editiert werden, wenn Sie ihn einfach mit der Maus anklicken. Der Text wird dadurch markiert und kann überschrieben werden.

Aufnahmenliste

Das letzte Register bei einem Trailer ist die *Aufnahmenliste*. Dort sind alle verwendeten Clips des Trailers nach Themenbereichen sortiert. Die Clips lassen sich dort trimmen oder auch austauschen. Zum Trimmen müssen Sie nur auf das Symbol links unten im Clip klicken. Dadurch wird er automatisch im Clip-Trimmer geöffnet und kann dort geschnitten werden.

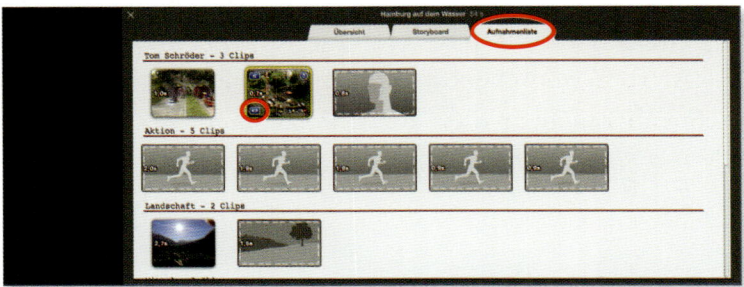

Die einzelnen Clips des Trailers lassen sich im Clip-Trimmer anpassen.

Die Länge der Clips ist fixiert und kann nicht geändert werden. Sie können nur den Ausschnitt des Clips bestimmen, der im Trailer verwendet werden soll.

Wenn Sie einen Clip aus dem Trailer entfernen wollen, dann markieren Sie ihn und drücken einfach die *Backspace*-Taste oder Sie klicken auf das Symbol rechts oben im Clip. Das Austauschen eines Clips ist auch sehr einfach. In der Mediathek wählen Sie den neuen Clip aus und platzieren ihn über den alten Clip in der *Aufnahmenliste*. Fertig!

 Die Clips können auch im Storyboard geändert oder ausgetauscht werden. Die **Aufnahmenliste** bietet nur eine etwas andere Sortierung.

Trailer in ein normales Projekt umwandeln

Falls Ihnen die automatischen Funktionen zum Erstellen eines Trailers nicht genügen, können Sie zu jedem Zeitpunkt den Trailer in ein normales Filmprojekt umwandeln. Dadurch stehen Ihnen alle Funktionen, Übergänge und Effekte zur Bearbeitung des Trailers zur Verfügung. Die Funktion zum Umwandeln finden Sie im Menü *Ablage –> Trailer in Film konvertieren*.

So sieht ein umgewandelter Trailer aus.

 Konvertierte Trailer können nicht wieder zurückgewandelt werden. Sie sollten also eine Kopie des Trailers behalten, bevor Sie ihn konvertieren. Eine Kopie erhalten Sie, wenn Sie den Trailer in der Ereignis-Übersicht markieren und die Tastenkombination **cmd + D** drücken.

Trailer exportieren

Fertige Trailer lassen sich wie jedes andere Filmprojekt ganz einfach exportieren. Sie können dazu die Funktion *Bereitstellen* aus dem Menü *Ablage* verwenden, um den Trailer z. B. per E-Mail zu verschicken (siehe nächsten Abschnitt).

Filme veröffentlichen bzw. exportieren

Nachdem der Filmschnitt fertig ist, ist es an der Zeit, den Film zu veröffentlichen. iMovie bietet eine ganze Menge Funktionen, um den Film für verschiedene Zwecke zu optimieren bzw. bereitzustellen. Im Menü *Ablage* unter *Bereitstellen* stehen Ihnen acht Möglichkeiten zur Verfügung, das bearbeitete Material weiterzugeben.

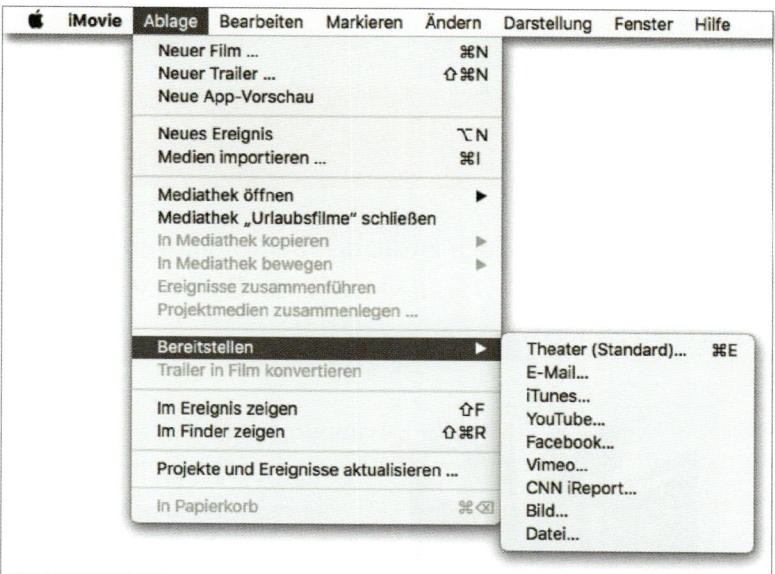

Ein Film kann für unterschiedliche Zwecke exportiert werden.

Theater

Die Veröffentlichung im „iCloud-Theater" (*cmd + E*) ist die Standardeinstellung. Wenn Sie einen Film, Trailer oder Clip zum Theater hinzufügen, erstellt iMovie passende Versionen für die lokale Wiedergabe auf dem Rechner (1080p HD), die Wiedergabe auf iOS-Geräten (720p HD) und das Streaming im Internet (480p SD). Weitere Informationen zu iCloud und dem Theater finden Sie im Kapitel „iCloud und iMovie Theater" ab Seite 174.

E-Mail

Einen fertigen Film können Sie als E-Mail direkt aus iMovie mithilfe Ihres E-Mail-Programms verschicken. Wenn Sie die Option *E-Mail* wählen, wird ein Fenster geöffnet, in dem Sie die Einstellungen für den Export vornehmen müssen. Zuerst sollten Sie den Namen und die Beschreibung ❶ überprüfen und bei Bedarf ändern. Wichtig ist die *Größe* ❷ des Films, denn diese bestimmt auch die Datenmenge. Je größer der Film, desto größer auch die Datenmenge. Besonders beim Versand per E-Mail ist das wichtig, da nicht alle E-Mail-Postfächer große Datenmengen empfangen können und der Versand und der Empfang auch dementsprechend länger dauern. Die Dateigröße können Sie übrigens links unten ❸ überprüfen.

> **!** Wird der Film größer als 10 MByte, erscheint ein kleiner Warnhinweis, weil diese Größe nicht empfehlenswert ist.

Wollen Sie den Film auch noch zusätzlich bei iCloud veröffentlichen, dann aktivieren Sie die Option *Zum Theater hinzufügen* ❹. Ein Mausklick auf *Bereitstellen* aktiviert den Exportvorgang.

Der Film wird per E-Mail verschickt.

Sie können den Fortschritt des Exports rechts oben in der Symbolleiste von iMovie mitverfolgen. Ein Klick auf das blaue Symbol öffnet ein kleines Fenster mit den Exportinformationen. Die erfolgreiche Fertigstellung des Exportvorgangs wird mit einer Meldung angezeigt.

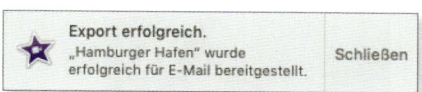

Der Filmexport ist im Gange (links) und war erfolgreich (rechts).

> **!** Die Anzeige über den Exportfortschritt und die Bestätigung über den Erfolg gibt es bei allen Bereitstellungsarten.

iTunes

Wenn Sie Ihren fertigen Film auf einen iPhone, iPad, iPod touch oder einen Apple-TV übernehmen wollen, müssen Sie den Weg über iTunes gehen. Wenn Sie aus der Funktion *Bereitstellen* die Funktion *iTunes* auswählen, öffnet sich ein Fenster, in dem Sie die Exportinformationen und die Größe des Films einstellen können. Damit Sie wissen, welche *Größe* für welches Abspielgerät geeignet ist, zeigen Sie mit der Maus auf das Häkchen neben *Kompatibilität* unterhalb der Vorschau. Dadurch wird ein kleines Menü geöffnet, in dem die Geräte angezeigt werden, die mit der eingestellten Größe kompatibel sind.

Auf welchem Gerät kann die aktuelle Größe abgespielt werden?

Wenn Sie Ihre Wahl getroffen haben und auf die Schaltfläche *Bereitstellen* klicken, beginnt iMovie damit, den Film zu exportieren. Je nach Länge des Films und der CPU Ihres Macs kann der Exportvorgang eine Weile dauern. Der fertige

Film wird automatisch zur Mediathek in iTunes hinzugefügt und kann dort weiterverwendet werden. Er ist im Bereich *Eigene Videos* bei *Filme* einsortiert.

Der fertige Film ist nun in iTunes verfügbar.

YouTube, Facebook, Vimeo, CNN iReport

iMovie bietet dem Anwender auch die Möglichkeit, den fertigen Film auf verschiedenen Internetplattformen zu veröffentlichen. Für die Veröffentlichung auf den jeweiligen Plattformen benötigen Sie einen gültigen Account bzw. dessen Zugangsdaten.

Wenn Sie eine der Plattformen aus der Funktion *Bereitstellen* wählen, öffnet iMovie das Exportfenster, in dem Sie neben der Größe vor allen Dingen Ihre Zugangsdaten bei *Anmelden* eingeben müssen. Je nach gewählter Plattform können Sie dann noch die verschiedenen Kategorien bestimmen, in denen der Film einsortiert werden soll. Wichtig ist wieder die Größe des exportierten Films.

 Bedenken Sie: Je größer der exportierte Film ist, desto größer die Datenmenge, die ins Internet übertragen werden muss.

Das Exportfenster für die Bereitstellung auf YouTube.

Datei

Bei den ersten sieben Arten der Veröffentlichung haben Sie nur begrenzte Möglichkeiten, den Speicherort des fertigen Films zu bestimmen. Wenn Sie den Film auf der Festplatte speichern oder in einem bestimmten Ordner ablegen wollen, dann müssen Sie die Funktion *Datei* aus der Funktion *Bereitstellen* verwenden. Dies ist z. B. auch eine Möglichkeit, den Film an Freunde weiterzugeben, die mit Windows arbeiten.

Im Exportfenster müssen Sie die Exportgröße angeben. Nachdem Sie auf *Weiter* geklickt haben, müssen nur noch der Dateiname und der Speicherort für den Film bestimmt werden.

Der Film wird als Datei gesichert und kann somit auch an Windows-Anwender weitergegeben werden.

> **!** iMovie verwendet das Filmformat MP4 für den Export des Videos als Datei. Dieses Filmformat ist ein allgemeiner Standard und kann auch auf PC-Systemen problemlos wiedergegeben werden.

Infos über die Bereitstellung

Beim intensiven Arbeiten mit iMovie kann es schon mal passieren, dass man vergisst, ob ein Film bereits auf YouTube veröffentlicht wurde oder ob man ihn schon per E-Mail verschickt hat. Das ist aber kein Problem! iMovie dokumentiert jeden Exportvorgang, und somit können Sie jederzeit kontrollieren, ob und wo ein Film bereits veröffentlicht ist.

Öffnen Sie dafür die *Filmeigenschaften* (*cmd + J* bzw. Menü *Fenster –> Filmeigenschaften*). Dort finden Sie das Bereitstellen-Symbol ⬆. Wenn Sie es anklicken, klappt ein Fenster auf, in dem nun alle Exportvorgänge mit Datum und Uhrzeit aufgelistet sind. So können Sie also genau verfolgen, wann und wo der Film veröffentlicht wurde.

Dieser Film wurde auf vier verschiedene Arten exportiert.

Kapitel 2 iOS

Die iOS-Version von iMovie gibt es zwar erst seit 2010, aber im Laufe der letzten Jahre hat sich iMovie für iOS zu einer sehr vielseitigen App entwickelt. Die Version für das iPhone und iPad bietet nur geringfügig weniger Funktionen als die Mac-Version. In diesem Kapitel wird iMovie für das iPhone und iPad näher beleuchtet. Sie erfahren, wie Sie Videos importieren, bearbeiten und exportieren können.

Die Arbeitsoberfläche der iOS-Version

iMovie unter iOS ist in drei Hauptbereiche aufgeteilt, und zwar in die Bereiche *Video*, *Projekte* und *Theater*. Der Bereich *Video* enthält alle Filmclips, die mit dem Gerät aufgenommen oder auf das Gerät übertragen wurden und zur Verwendung in einem Projekt bereitstehen. Im Bereich *Projekte* befinden sich alle mit iMovie erstellten Filmprojekte und Trailer. Der letzte Bereich, *Theater*, enthält alle auf iCloud veröffentlichten Filme. Näheres dazu können Sie im Kapitel „iCloud und iMovie Theater" ab Seite 174 nachlesen. Im Folgenden werden wir uns die Oberfläche bzw. die Bedienung dieser drei Bereiche näher anschauen.

Videoübersicht

Wie bereits erwähnt, enthält der Bereich *Video* alle auf dem iOS-Gerät verfügbaren Filmclips, die in iMovie verwendet werden können. Dabei greift die App auf das Album *Videos* der App *Fotos* zurück. Das bedeutet also, alle Videoaufnahmen, die Sie mit dem iPhone oder iPad gemacht haben, sind in iMovie verfügbar.

Zusätzlich zu den Aufnahmen werden auch noch importierte Filmclips, die man mit iTunes oder einer anderen iOS-App hinzugefügt hat, mit aufgelistet. Wie man Filmclips importiert, erfahren Sie ab Seite 110 nach.

Die Videoübersicht dient dazu, Filmclips zu betrachten und in ein Filmprojekt zu übernehmen. Dabei kann der Anwender auch nur Teile eines Filmclips für die Verwendung auswählen. Ebenso können die Filmclips sortiert und als Favoriten gekennzeichnet werden.

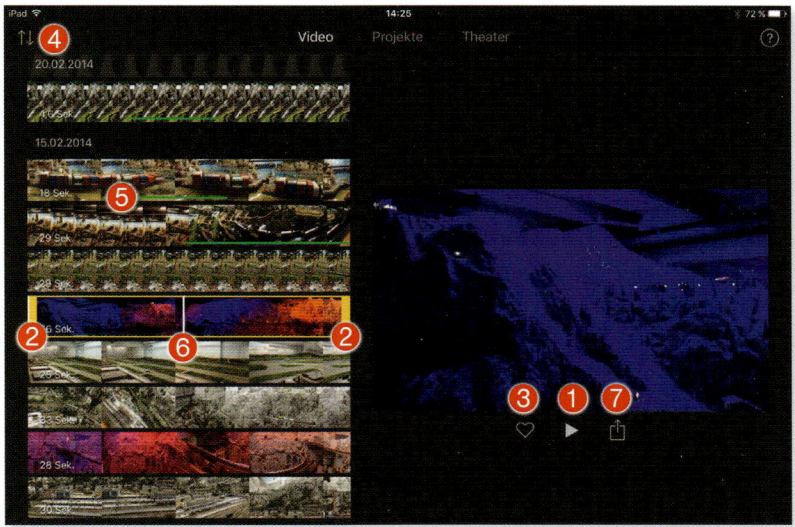

Wenn ein Filmclip ausgewählt wird, erscheinen die Bearbeitungsfunktionen.

Sobald Sie einen Filmclip in der Übersicht auswählen, werden nicht nur die Bearbeitungs- bzw. Markierungsfunktionen sichtbar, sondern Sie können ihn auch mithilfe des Abspielbuttons ❶ betrachten. Falls Sie nur einen Ausschnitt in ein Projekt übernehmen wollen, ziehen Sie den gelben Auswahlrahmen an der linken oder rechten Seite ❷. Damit wird der Filmclip zugeschnitten und nur der ausgewählte Teil in ein Projekt übernommen.

Damit Sie nicht die Übersicht über die Filmclips verlieren, können Sie sie als *Favorit* ❸ kennzeichnen und anschließend nur die Favoriten einblenden. Ein Fingertipp auf das Herzsymbol kennzeichnet den ausgewählten Bereich des Filmclips als Favorit.

> **!** Favoriten können Sie an dem grünen Strich erkennen ❺, der im unteren Bereich eines Filmclips angezeigt wird.

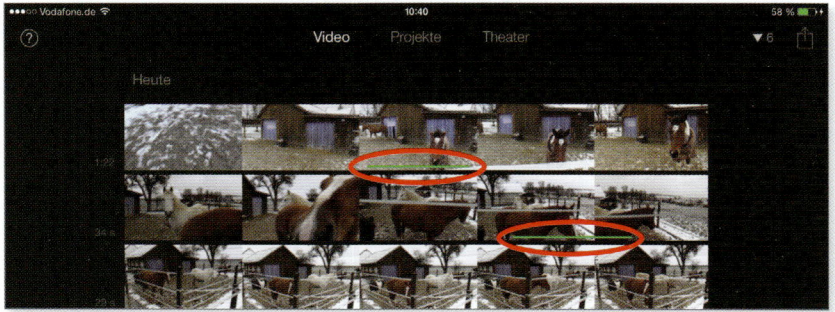

Favoriten erhalten eine grüne Kennzeichnung.

Falls Sie einige Filmclips als Favoriten markiert haben, können Sie in der Videoübersicht auch nur die Favoriten einblenden. Dazu tippen Sie auf die Anzeige links oben ❹ und wählen dort die Option *Favoriten* aus.

> **!** Die Zahlen, die in dem Menü stehen, geben Auskunft darüber, wie viele Clips in der jeweiligen Kategorie vorhanden sind.

Zum schnelleren Ansteuern von Stellen innerhalb des Clips können Sie auch den Abspielkopf ❻ bewegen. Dieser erscheint, sobald Sie mit dem Finger in die Clipübersicht zeigen. Sie verschieben ihn, indem Sie Ihren Finger nach links bzw. rechts bewegen.

Haben Sie einen Clip bzw. Ausschnitt gewählt, können Sie ihn mit der Funktion *Bereitstellen* ❼ einem Projekt hinzufügen ❹ bzw. ein neues Projekt ❺ damit erstellen. Dazu wählen Sie im Menü die Funktion *Film erstellen*. Anschließend können Sie auswählen, ob ein neuer Film erstellt oder welchem Projekt der Clip hinzugefügt werden soll.

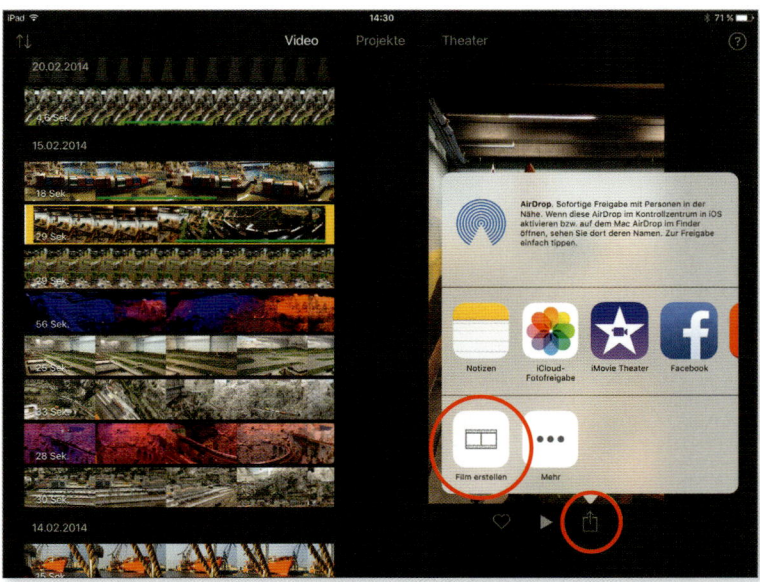

Der ausgewählte Filmclip wird an ein Projekt übergeben.

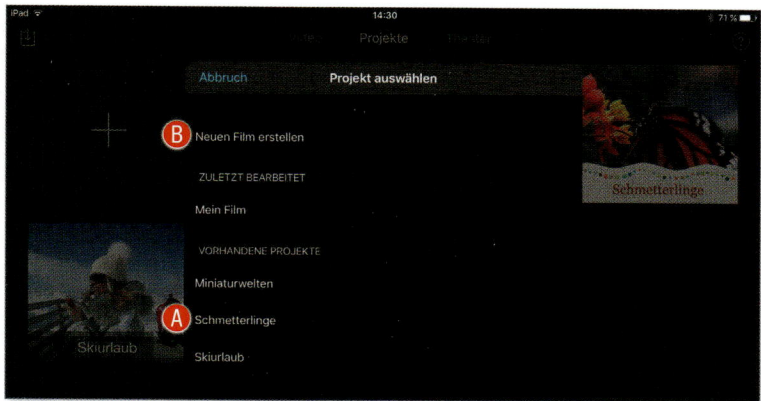

Sie entscheiden, wo der Filmclip eingefügt wird.

Projektübersicht

In der Projektübersicht sind alle mit iMovie erstellten Projekte (Filme und Trailer) aufgelistet und werden dort auch verwaltet. Im Hauptbereich ❶ befinden sich die Filme und Trailer, die mit einem Miniaturbild angezeigt werden.

> **!** Die Projekte werden automatisch chronologisch sortiert, wobei das jüngste Projekt an erster Stelle steht. Die Sortierung kann leider nicht geändert werden.

Die Übersicht über die iMovie-Projekte.

Mit der Plustaste ❷ können Sie neue Filme oder Trailer anlegen (siehe Seite 117). Die Funktion *Bereitstellen* ❸ dient dazu, Filmclips, die mit iTunes übertragen wurden, einem Projekt hinzuzufügen. Näheres dazu erfahren Sie ab Seite 110.

Um einen Film oder Trailer für die Bearbeitung zu öffnen, müssen Sie auf die Miniaturdarstellung tippen ❹. Dadurch werden die *Informationen* des Films bzw. Trailers geöffnet.

> **!** Auf dem iPhone 6s und 6s Plus können Sie zudem mit einem 3D Touch (ein kräftigeres Tippen auf das Display) sofort eine Vorschau des Projekts starten und das Projekt via **Bearbeiten** öffnen, mit **Bereitsellen** exportieren oder **Löschen**.

3D Touch auf dem iPhone 6s bzw. 6s Plus in der Projektübersicht.

Filminformationen

Die Filminformationen zu einem ausgewählten Film

In den Filminformationen können Sie einen Film bzw. Trailer umbenennen, löschen, weitergeben und im Vollbildmodus betrachten. Um den Namen zu ändern, tippen Sie den Namen Ⓐ ganz einfach an. Dadurch wird die Tastatur eingeblendet, und Sie können den Namen überschreiben.

Direkt unter dem Namen Ⓑ werden die Länge und das Änderungsdatum angezeigt. Um den Film im Vollbildmodus zu betrachten, tippen Sie auf die Taste Ⓒ. Zur Weitergabe des Films verwenden Sie die *Bereitstellen*-Taste Ⓓ. Genauere Informationen zur Weitergabe bzw. zum Export von Filmen und Trailern finden Sie ab Seite 167.

Die Taste mit dem Mülleimer Ⓔ dient natürlich zum Löschen des Films bzw. Trailers.

> **!** Wenn Sie einen Film oder Trailer löschen, wird nur die Projektdatei entfernt. Die Filmclips, die zu dem Film oder Trailer gehören, bleiben vorhanden und können somit in anderen Projekten verwendet werden.

Um nun das Projekt zu öffnen und den Filmschnitt durchzuführen, tippen Sie entweder auf *Bearbeiten* Ⓕ. Zurück zur Projektübersicht gelangen Sie mit dem X-Symbol Ⓖ links oben.

iMovie Theater

Der Bereich *Theater* in iMovie enthält die in der iCloud veröffentlichten Filme. Sie können dort die Filme betrachten, aber nicht bearbeiten. Es sind also keine Projektdateien, die Sie auf das iPad oder iPhone herunterladen und weiterbearbeiten können. Wie der Name schon sagt, können Sie im Theater die Filme nur ansehen.

Näheres über das iMovie Theater und dessen Verwendung erfahren Sie im Kapitel „iCloud und iMovie Theater" ab Seite 174.

Import

Damit Sie mit iMovie auf dem iPad oder iPhone arbeiten können, benötigen Sie Videomaterial. Sie können mit der iPad- bzw. iPhone-Kamera schon einmal loslegen. Die Kameras der aktuellen iPhones und iPads sind für Videoaufnahmen bestens gerüstet, weil sie Filme in HD-Auflösung (1080p) aufnehmen. Mit dem iPhone 6s und 6s Plus können Sie sogar 4K-Filme aufnehmen und in iMovie bearbeiten. Da iMovie direkten Zugriff auf die App *Fotos* und deren Alben hat, gibt es also in dieser Beziehung keinerlei Probleme. Wie sieht es aber aus, wenn Sie Filmmaterial von anderen Quellen nutzen wollen, wie z. B. einen Filmclip, der auf Ihrem Rechner gespeichert ist? Auch für dieses Problem hat iMovie eine Lösung, den Import.

Der Import von Filmmaterial aus anderen Quellen kann auf unterschiedliche Arten durchgeführt werden. In diesem Kapitel werden wir Ihnen einige Importmethoden aufzeigen.

iTunes

Eine Möglichkeit, um Filme in iMovie zu importieren, ist die Zuhilfenahme von iTunes auf dem Mac oder auf dem Windows-Rechner. Mithilfe der *Dateifreigabe* von iTunes können Sie Videodateien direkt in iMovie auf das iPad oder iPhone übertragen.

Wenn Sie iTunes gestartet haben und das iPhone bzw. iPad per USB-Kabel oder über WLAN mit iTunes verbunden ist, müssen Sie zuerst zu den Funktionen des iPhones bzw. iPads wechseln. Dort gibt es den Bereich *Apps*. Wenn Sie dann etwas weiter nach unten scrollen, finden Sie die *Dateifreigabe* mit einer Auflistung aller Apps, die diese Funktion unterstützen. Wählen Sie *iMovie* aus und klicken Sie rechts unten auf *Hinzufügen*. Jetzt müssen Sie nur noch die Videodatei auswählen, die in iMovie übertragen werden soll.

Mit iTunes kann Videomaterial direkt in iMovie überspielt werden.

> **!** iMovie bevorzugt zwar Videodateien im Format MP4, aber unter Windows kön-
> nen auch Filme im AVI-Format importiert werden. Diese werden automatisch von
> iMovie konvertiert. Achten Sie auch darauf, dass die Filme das gleiche Seiten-
> verhältnis haben. iMovie arbeitet am besten mit Filmen im 16:9-Seitenverhältnis.
> Falls Ihre Filme im Verhältnis 4:3 vorliegen, erhalten Sie in iMovie links und rechts
> schwarze Balken.

Das Hinzufügen der Videos in iTunes war nur ein Teil des Imports. Die Videos erscheinen nämlich nicht automatisch in iMovie. Im zweiten Teil müssen Sie in iMovie auf Ihrem iOS-Gerät in der Kategorie *Projekte* auf das *Importieren*-Symbol tippen. Wechseln Sie anschließend im unteren Bereich zu *iTunes*. Jetzt sollte ein Hinweis auf die Anzahl der importierbaren Dateien auftauchen.

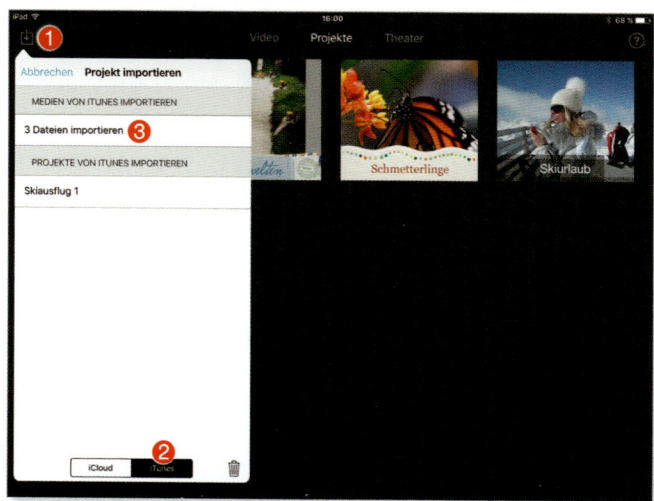

Die Dateien müssen noch in iMovie importiert werden.

Wenn Sie darauf tippen, müssen Sie im nächsten Schritt entscheiden, welchem Projekt die Videos hinzugefügt werden. Nachdem Sie ein Projekt ausgewählt haben, beginnt iMovie, die Dateien zu importieren. Diese werden nun auch in der Videoübersicht aufgelistet und können für andere Projekte verwendet werden.

 Die importierten Filmclips sind nur in iMovie verfügbar. Sie werden nicht in der App **Fotos** im Album **Videos** aufgelistet. Sie dienen ausschließlich zur Verwendung innerhalb von iMovie.

Dropbox

Eine sehr elegante und einfache Methode, um Videodateien in iMovie zu importieren, steht Ihnen über die App *Dropbox* zur Verfügung. Dropbox ist ein kostenloser Cloud-Dienst, mit dessen Hilfe man Dateien mit anderen Personen oder Geräten austauschen kann. Näheres dazu können Sie im Internet unter der Adresse *www.dropbox.com* erfahren. Für iPhone und iPad gibt es auch eine App dafür, die den Datenaustausch steuert. Mit ihrer Hilfe können Sie Videomaterial in iMovie importieren.

Zuerst müssen Sie natürlich das Videomaterial in die Dropbox übertragen. Das geht sowohl auf dem Mac als auch unter Windows. Legen Sie einfach die Dateien in den Dropbox-Ordner auf Ihrem Rechner. Je nach Größe der Dateien und dem verfügbaren Internetzugang dauert die Übertragung eine Zeit lang.

 Achten Sie bitte darauf, die Dropbox nicht mit zu großen Filmdateien zu füllen. Der kostenlose Zugang beinhaltet einen Speicherplatz von 2 GByte, und diese Grenze kann beim Einsatz von Videodateien sehr schnell erreicht sein.

Im nächsten Arbeitsschritt öffnen Sie die App *Dropbox* auf Ihrem iPhone bzw. iPad. Suchen Sie dort die Videodateien, die Sie zuvor übertragen haben. Wenn Sie eine Videodatei antippen, können Sie sie in der App ansehen oder mit einem Fingertipp auf *Bereitstellen* die Datei für andere Zwecke weiterverwenden, wie z. B. für den Import in iMovie.

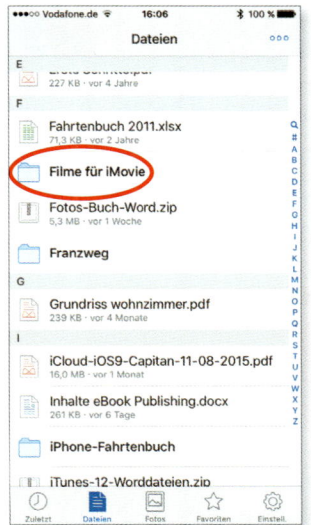
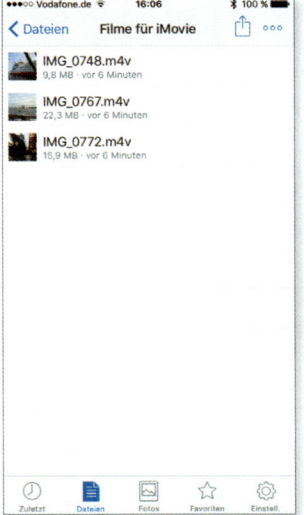

Sobald eine Filmdatei in der „Dropbox" ausgewählt ist, kann sie in iMovie übertragen werden.

Im *Bereitstellen*-Menü können Sie auswählen, ob der Film in das Album *Videos* in der *Fotos*-App übertragen wird oder direkt in iMovie. Mit der Funktion *Video speichern* ❶ wird der Film in die App *Fotos* übernommen und ist somit auch sofort in iMovie verfügbar. Sie können aber auch mit der Schaltfläche *Öffnen in* ❷ den Film direkt in iMovie übertragen.

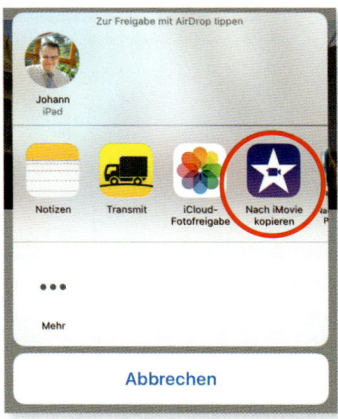

Die Filmdatei kann auf zwei Arten iMovie hinzugefügt werden.

> **!** Wenn Sie die Videodatei der App **Fotos** hinzufügen, ist sie nicht nur für iMovie verfügbar, sondern auch für andere Apps wie z. B. Nachrichten oder Mail.

Mail

Der Import von Videodateien in iMovie mithilfe einer E-Mail ist eine weitere Methode, um Filmmaterial in iMovie zu importieren. Was müssen Sie dafür tun? Nun, zuerst müssen Sie eine E-Mail an sich selbst verschicken, die das Videomaterial als Anhang enthält.

> **!** Beachten Sie bitte, dass E-Mail-Postfächer eine begrenzte Aufnahmefähigkeit haben. Sie sollten also nicht zu große Dateien verwenden, da diese ansonsten nicht verschickt werden können.

Verschicken Sie eine E-Mail an sich selbst mit der Videodatei als Anhang.

Im nächsten Arbeitsschritt öffnen Sie auf Ihrem iPhone bzw. iPad die App *Mail* und holen die E-Mail mit dem Videoanhang ab. Das iPhone bzw. iPad lädt die Videodatei nicht sofort herunter, erst ein Fingertipp auf das Symbol startet den Download.

Der Anhang muss zuerst komplett geladen werden.

Ist die Datei geladen, müssen Sie sie antippen, um die Vorschau zu starten. Dort haben Sie dann wieder die Funktion *Bereitstellen* ❶. Sie können entscheiden, ob Sie die Datei zu den *Videos* in der App *Fotos* speichern ❷ oder direkt in iMovie übertragen ❸ wollen.

Der E-Mail-Anhang kann nun an andere Apps weitergegeben werden.

> ❗ Die Importmethode per E-Mail sollte nur für kleine Filmdateien verwendet werden, da ansonsten die Übertragung länger dauert und unter Umständen das E-Mail-Postfach voll wird.

iCloud Drive

Mit iOS 8 und OS X 10.10 Yosemite hat das iCloud Drive auf den Geräten Einzug gehalten. iCloud Drive ist ein Cloud-Speicher, der bei Ihrem iCloud-Account automatisch dabei ist. Beim kostenlosen iCloud-Account haben Sie 5 GByte Cloud-Speicher bei Apple. iCloud-Drive kann für den Datenaustausch zwischen Ihren Geräten verwendet werden, und damit auch in iMovie auf dem iPad bzw. iPhone.

> ❗ iCloud Drive gibt es auch für Windows. Dazu muss auf dem Windows-PC nur die **Systemsteuerung iCloud** installiert sein. Diese Systemsteuerung erhalten Sie kostenlos im Downloadbereich von Apple unter der Adresse **http://support. apple.com/kb/DL1455**.

Zuerst müssen Sie iCloud-Drive auf dem iPhone/iPad einschalten. Dazu öffnen Sie *Einstellungen –> iCloud –> iCloud Drive*. Aktivieren Sie dort den Schalter bei *iCloud Drive*. Nach der Aktivierung erscheinen im unteren Bereich alle Apps, die Zugriff auf iCloud Drive haben können. Kontrollieren Sie bitte, ob der Schalter bei iMovie aktiviert ist. Ist dies geschehen, können Sie iMovie öffnen.

iMovie hat nun bei den verschiedenen Mediatheken (*Video*, *Fotos*, *Audio*) Zugriff auf iCloud Drive und die dort gespeicherten Dateien. Um nun z. B. einen Filmclip von Ihrem Rechner (Mac oder Windows) auf das iPhone/iPad zu bekommen, legen Sie den Filmclip auf dem Rechner in den Ordner *iCloud Drive*. Dieser wird dann sofort hochgeladen und ist nach kurzer Zeit in iMovie verfügbar.

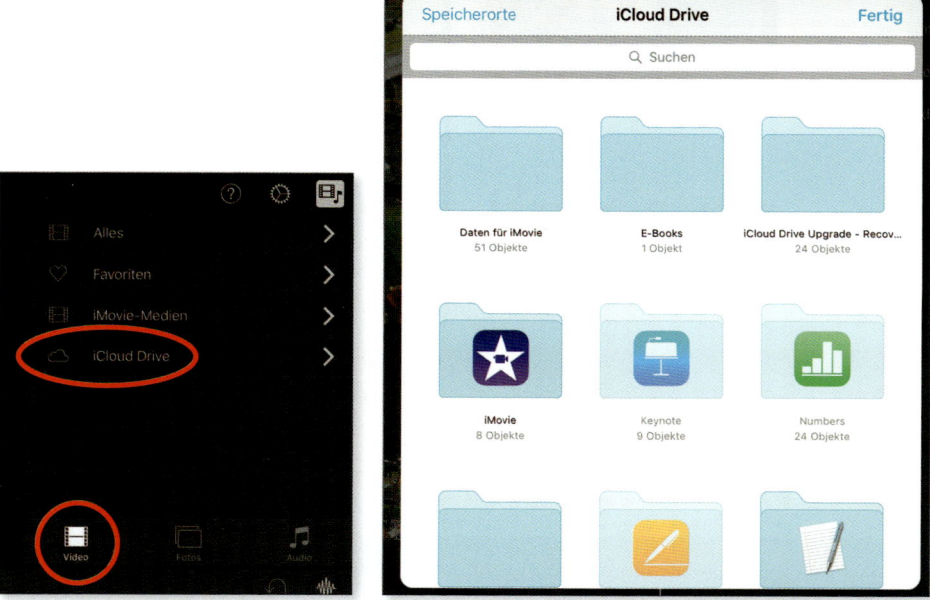

In der Mediathek haben Sie direkten Zugriff auf die Dateien,
die bei iCloud Drive gesichert sind.

In iMovie rufen Sie dann die Video-Mediathek auf und wählen ebenfalls *iCloud Drive* aus. Sie erhalten damit eine Übersicht über alle in der iCloud gespeicherten Dateien, inklusive der Filmclips, die Sie dort gesichert haben. Jetzt müssen Sie nur noch den gewünschten Filmclip auswählen, damit dieser auf das iPhone/iPad heruntergeladen und in das aktuelle Projekt eingefügt wird.

Filme erstellen

Ein wichtiger Aspekt bei Filmen sind die Überblendungen, die Titeleinblendungen, die Musik bzw. Geräusche und natürlich der Gesamteindruck. All das kann mit iMovie erstellt bzw. beeinflusst werden. Dabei setzt iMovie auf eine einfache, aber effektive Reihenfolge bei der Erstellung eines Films. Zuerst muss ein Projekt angelegt werden, dem anschließend ein Aussehen zugewiesen und das im letzten Schritt mit Film- und Audiomaterial gefüllt wird. In diesem Kapitel werden wir Ihnen diese einfachen Schritte bis zum fertigen Film näherbringen.

Ein neues Projekt anlegen

Zuerst benötigen Sie ein neues Projekt. Dazu müssen Sie in der *Projekte*-Übersicht auf das Plussymbol rechts oben tippen.

Zuerst muss ein Projekt erstellt werden.

Ein Projekt kann in iMovie aus einem normalen *Film* oder einem *Trailer* bestehen. Trailer sind kurze Filme, die für Ankündigungen verwendet werden, z. B. für einen Kinoabend mit der Familie oder für ein Event in einem Blog. In diesem Kapitel beschäftigen wir uns ausschließlich mit dem *Film*. Falls Sie mehr über Trailer wissen wollen, lesen Sie den Abschnitt „Trailer" ab Seite 161.

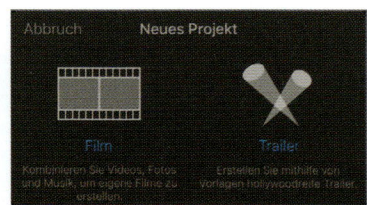

Soll ein „Film" oder ein „Trailer" angelegt werden?

Filme erstellen

Mit 3D Touch auf dem iPhone 6s oder 6s Plus können im Homescreen (links) direkt neue Filme erstellt oder vorhandene Projekte geöffnet werden (rechts).

Nachdem Sie *Film* gewählt haben, werden Sie aufgefordert, ein Thema für den Film zu wählen. iMovie bietet Ihnen acht verschiedene Themen mit unterschiedlichem Aussehen an. Das Thema bestimmt nicht nur, welche Standardüberblendungen verwendet werden, sondern auch das Aussehen von Titeln und die Hintergrundmusik.

Welches Thema darf es sein?

Um zu sehen, was ein Thema zu bieten hat, tippen Sie auf den Abspielknopf direkt unterhalb der Vorschau. Wenn Sie ein Thema gewählt haben, tippen Sie rechts oben auf *Erstellen*. Damit wird ein neuer Film angelegt, und Sie befinden sich in der Bearbeitungsoberfläche, wo Sie Film-, Bild- und Audioclips hinzufügen und verändern können.

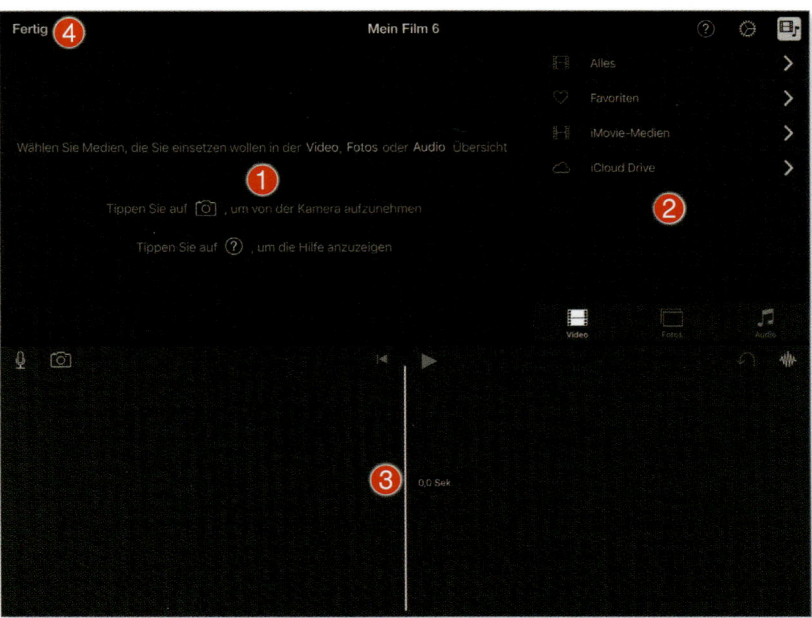

Die Oberfläche zum Bearbeiten des Films auf dem iPad …

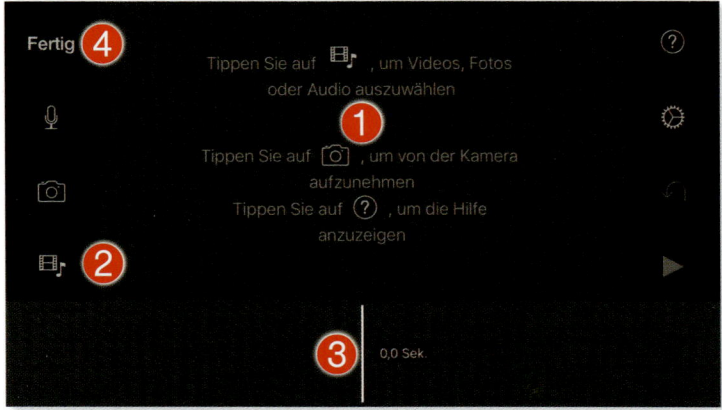

… und hier auf dem iPhone.

Die Oberfläche für die Filmbearbeitung ist in drei Bereiche aufgeteilt: die *Vorschau* bzw. der *Viewer* ❶, die *Mediathek* ❷ und der *Schnittbereich* ❸ bzw. die *Timeline*. Da das iPhone ein kleineres Display als das iPad hat, ist die *Mediathek*

❷ nicht permanent eingeblendet. Ein Fingertipp auf das Symbol wechselt zur Mediathek des iPhones.

iPad-Anwender können die Anordnung des Viewers und der Mediathek vertauschen. Dazu müssen Sie mit dem Finger oberhalb des Viewers zeigen und ihn dann nach rechts bzw. links verschieben.

Der „Viewer" kann auf dem iPad verschoben werden …

… und somit mit der „Mediathek" die Position wechseln.

Um die Filmbearbeitung wieder zu verlassen, verwenden Sie die Funktion *Fertig* ❹ links oben. Dadurch gelangen Sie zurück zur Projektübersicht.

> Man kann einen neuen Film auch erstellen, indem man in der Videoübersicht einen Clip auswählt und mit **Bereitstellen** einen neuen Film anlegt. Dadurch entsteht nicht nur ein neuer Film, sondern der ausgewählte Clip wird auch sofort hinzugefügt.

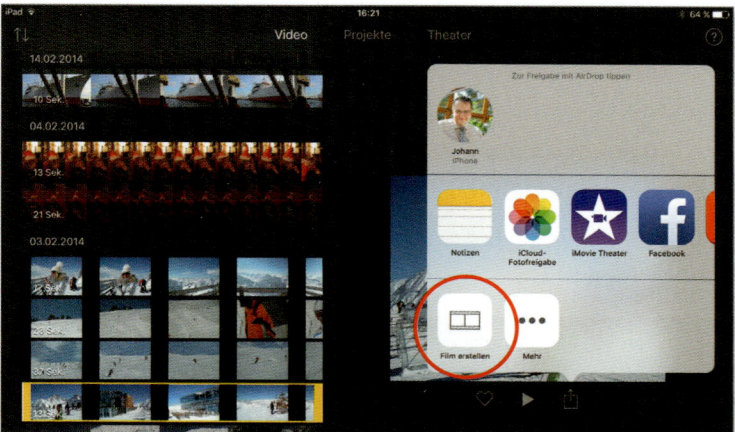

Neue Filme können auch direkt in der Videoübersicht erstellt werden.

Thema für das Projekt ändern

Das Thema, das Sie beim Anlegen eines neuen Films gewählt haben, lässt sich nachträglich jederzeit ändern. Dazu benötigen Sie nur die *Projekteinstellungen*, die Sie öffnen, wenn Sie auf das Zahnradsymbol tippen. Daraufhin erscheint ein Menü, in dem Sie das Thema mit einem Fingertipp wechseln können.

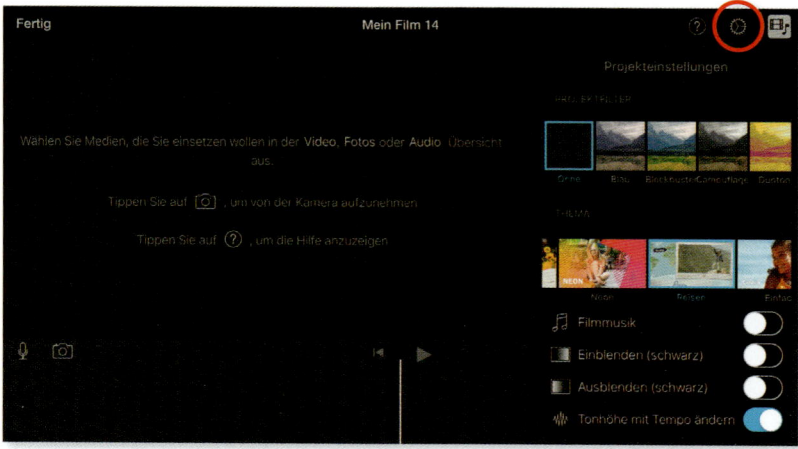

Das Thema kann in den „Projekteinstellungen" nachträglich gewechselt werden.

Filme erstellen

> **!** Bedenken Sie bitte beim Wechseln des Themas daran, dass unter Umständen auch alle Übergänge und Titeltexte geändert werden. Sie sollten sich also vorher genau überlegen, ob Sie das Thema ändern wollen.

Filmclips hinzufügen

Ein Filmprojekt nützt nichts, wenn in ihm keine Filmclips enthalten sind. Der nächste Schritt besteht darin, den Film mit Clips zu füllen. Je nach gewähltem Filmthema werden automatisch Übergänge zwischen die Clips hinzugefügt. Dazu benötigen Sie die *Mediathek*, die auf dem iPad permanent sichtbar ist, aber auf dem iPhone erst geöffnet werden muss (siehe vorherigen Abschnitt).

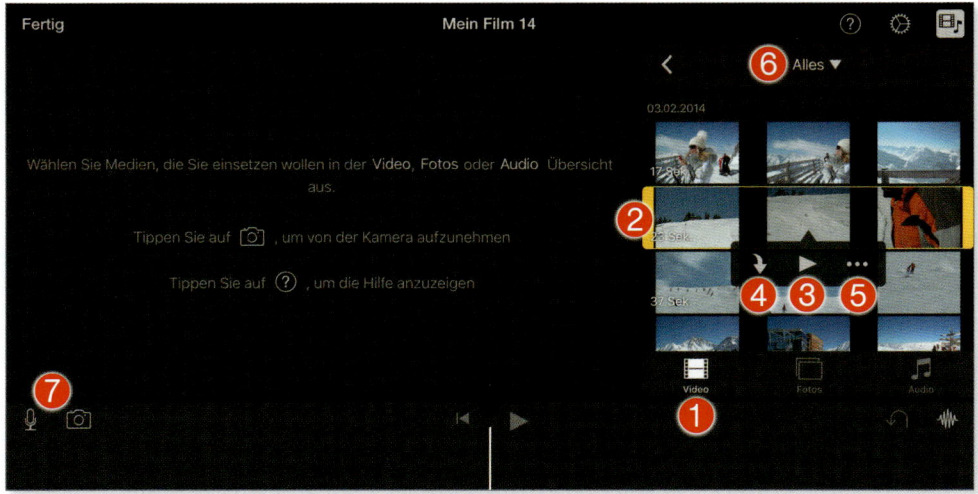

In der Mediathek werden alle verfügbaren Filmclips aufgelistet und können von dort aus dem Film hinzugefügt werden. Das Bild zeigt iMovie auf dem iPad …

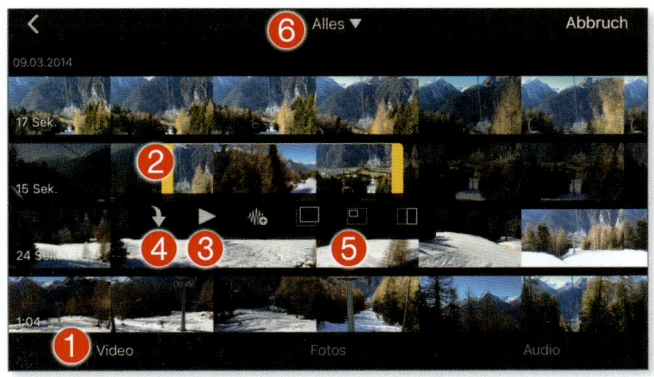

… und dieses zeigt die Mediathek auf dem iPhone.

Zuerst müssen Sie einen Clip in der Mediathek auswählen. Achten Sie bitte darauf, dass in der Mediathek die Kategorie *Video* ❶ eingeblendet ist. Die Kategorie *Video* ist in mehrere Bereiche unterteilt:

- *iCloud Drive* enthält alle Videos, die Sie zu iCloud hochgeladen haben.
- *Favoriten* enthält alle favorisierten Clips aus der Videoübersicht.
- *iMovie-Medien* enthält alle Videos, die Sie mit iTunes importiert haben.

Ein ausgewählter Clip erhält eine gelbe Umrandung ❷. Den gelben Auswahlbereich können Sie am linken und rechten Rand verkürzen bzw. wieder verlängern, um somit nur einen Teil eines Clips hinzuzufügen.

Eine Vorschau des ausgewählten Clips bzw. Clipbereichs erhalten Sie, wenn Sie auf den Abspielknopf ❸ tippen. Auf dem iPad läuft die Vorschau im Viewer-Bereich ab, während auf dem iPhone dafür ein kleines Fenster eingeblendet wird.

Auf dem iPhone wird die Vorschau in einem kleinen Fenster gezeigt.

Um nun den Clip bzw. Clipbereich dem Filmprojekt hinzuzufügen, tippen Sie auf das Pfeilsymbol ❹. Der ausgewählte Clip wird damit in die Timeline übernommen, und in der Mediathek bekommt der Bereich des Clips, der verwendet wird, eine orange Linie als Kennzeichnung.

Der ausgewählte Clipbereich wurde hinzugefügt.

iMovie bietet noch andere Arten, um den Clip zum Film hinzuzufügen ❺. Dazu gehört auch die Option *Bild-in-Bild*. Diese Funktion werden wir weiter hinten ab Seite 131 behandeln.

 Damit die Anzeige in der Mediathek nicht unübersichtlich wird, können Sie die Auflistung der Clips noch filtern. Dazu müssen Sie nur das Menü ❻ öffnen und die gewünschte Sortierung bzw. Filterung auswählen. So können Sie z. B. nur die Favoriten oder alle unbenutzten Clips einblenden.

Das iPhone und das iPad bieten auch eine direkte Methode für das Hinzufügen von Filmclips, die Aufnahme mit der integrierten Kamera. Im Hauptscreen finden Sie bei ❼ die Funktionen zum Aufnehmen von Film- und Audioclips. Wenn Sie auf das Kamerasymbol tippen, wird die integrierte Kamera aktiviert, und Sie können direkt einen Film oder ein Foto aufnehmen, das dann sofort in die Timeline platziert wird. Audioaufnahmen werden mit der VoiceOver-Funktion gemacht, siehe dazu den Abschnitt „Audiobearbeitung" ab Seite 146.

Auf dem iPhone und iPad können Filme und Fotos direkt in iMovie aufgenommen werden, …

… und auf dem iPhone 6s und 6s Plus sogar in 4K-Auflösung.

Clips verschieben und entfernen

Clips werden normalerweise rechts vom Abspielkopf (die senkrechte weiße Linie in der Timeline) eingefügt. Je nachdem, in welchem Bereich sich der Abspielkopf befindet, kann es schon mal passieren, dass ein Clip falsch positioniert wird. Das ist aber kein Problem, denn Sie können einen Clip jederzeit in der Timeline nach vorne oder hinten verschieben.

Zeigen Sie mit einem Finger auf den Clip in der Timeline und warten Sie zwei Sekunden, bis der Clip an Ihrem Finger „hängt". Nun können Sie ihn innerhalb der Timeline verschieben.

Ein Clip kann mit einem Finger in der Timeline verschoben werden.

> **!** Falls Ihnen die Timeline zu lang oder zu kurz ist, können Sie sie auch zoomen. Dazu müssen Sie mit zwei Fingern die Timeline auf- bzw. zuziehen. Dadurch wird die Timeline vergrößert bzw. verkleinert.

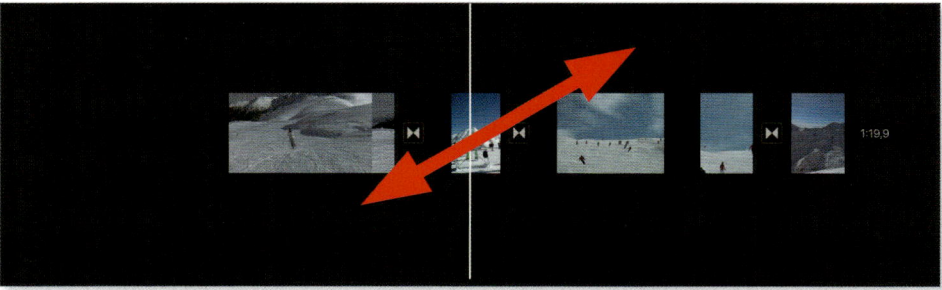

Durch das Aufziehen mit zwei Fingern wird die Timeline vergrößert …

… und durch das Zusammenziehen mit zwei Fingern wieder verkleinert.

Auf ähnliche Weise wie das Verschieben, können Sie einen Clip auch wieder aus der Timeline entfernen. Wenn Sie nämlich den Clip nach oben ziehen, bis eine kleine Wolke am Clip erscheint, wird er aus der Timeline gelöscht. Achten Sie beim Verschieben also genau darauf, wohin Sie ihn verschieben.

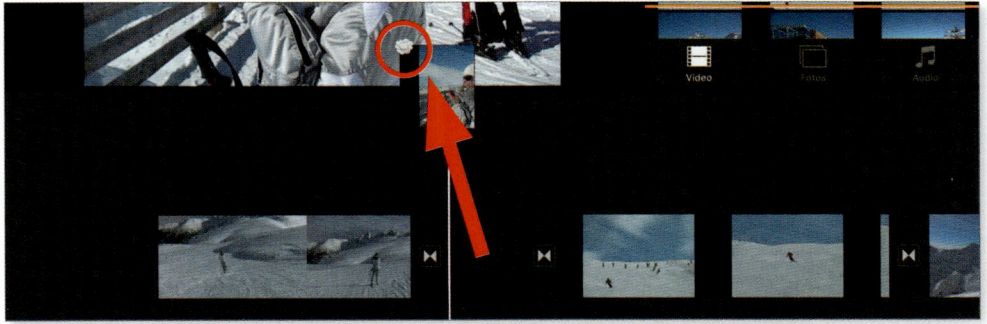

Wird ein Clip nach oben geschoben, wird er aus der Timeline entfernt.

Es gibt noch eine zweite Möglichkeit, um einen Clip zu entfernen. Tippen Sie zuerst den Clip in der Timeline an, damit er ausgewählt ist. Anschließend können Sie die Löschen-Funktion (Mülleimersymbol) rechts unten verwenden.

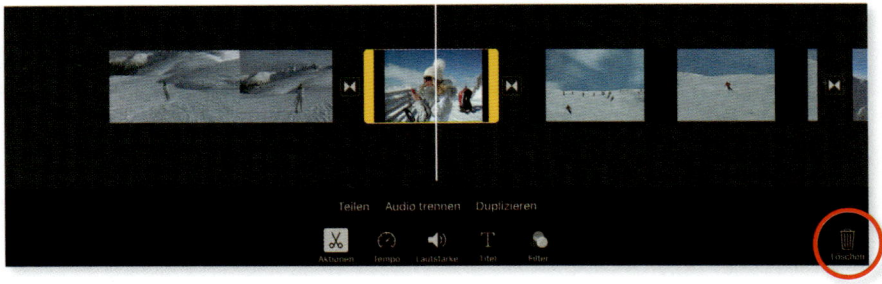

Ein ausgewählter Clip kann aus der Timeline gelöscht werden.

Clips trimmen

Trimmen bedeutet, einen Filmclip auf die gewünschte Länge zuzuschneiden. Dabei wird aber kein Videomaterial gelöscht, sondern Teile des Clips werden nur ausgeblendet. Das bedeutet, Sie können das Trimmen zu jedem Zeitpunkt wieder rückgängig machen.

Das Trimmen eines Clips kann man entweder in der Mediathek durchführen, um z. B. nur einen Teil eines Clips im Film zu verwenden, oder in der Timeline. Egal welchen Ort Sie bevorzugen, die Vorgehensweise ist immer dieselbe.

Wenn Sie einen Clip auswählen, erscheint immer ein gelber Auswahlrahmen um den Clip. Diesen Auswahlrahmen kann man an der linken und rechten Seite verkürzen. Dadurch wird der Clip beschnitten und nur ein Teil davon dargestellt. Während des Trimmens wird eine Sekundenanzeige eingeblendet, damit Sie die Dauer des Clips kontrollieren können.

Durch das Verschieben der Ränder wird ein markierter Clip getrimmt.

 Sollten sich die Ränder nicht verschieben lassen, liegt das daran, dass keine Bilder mehr vorhanden sind, um den Clip zu trimmen.

Clips teilen

Neben dem Beschneiden eines Clips kann in iMovie ein Clip auch geteilt werden. Auf diese Weise können Sie einen Teil des Clips innerhalb der Timeline an eine andere Position verschieben und dadurch sehr interessante und abwechslungs- reiche Schnitte im Film erzeugen. Sie können die Funktion aber auch für das Trimmen verwenden.

Um nun einen Clip zu teilen, müssen Sie ihn zuerst in der Timeline markieren und anschließend den Abspielkopf auf die Position setzen, an welcher der Clip geteilt werden soll. Das erreichen Sie ganz einfach, indem Sie die Timeline mit dem Finger nach links oder rechts verschieben.

Der nächste Schritt ist ganz einfach: Entweder Sie streichen mit einem Finger senkrecht entlang des Abspielkopfs nach unten oder oben oder Sie verwenden die eingeblendete Funktion *Teilen* aus der Kategorie *Aktionen*. Dadurch wird der Clip geteilt, und Sie können die beiden Teile unabhängig voneinander bearbeiten.

 Die Teilung eines Clips findet nur in der Timeline statt. Der Clip bleibt in der Mediathek in seiner Gesamtlänge vollständig erhalten.

Ein Fingerwisch nach unten oder oben genügt (links) um den Clip zu teilen (rechts).

> **!** Wollen Sie die Teilung rückgängig machen, verwenden Sie die Schaltfläche **Widerrufen** ↺ Mit dieser Schaltfläche wird der letzte Arbeitsschritt rückgängig gemacht.

Zwischenschnitt

In iMovie haben Sie die Möglichkeit, einen Clip als „Zwischenschnitt" einem Projekt hinzuzufügen. Ein Zwischenschnitt ist eine elegante Methode, Clips zu überlagern, ohne die Gesamtlänge des Films zu beeinflussen. Der Zwischenschnitt wird dabei über den normalen Clip eingesetzt.

Zum Einfügen eines Zwischenschnitts wählen Sie zuerst einen Clip bzw. Clipausschnitt in der Mediathek aus. Anschließend verwenden Sie die Funktion *Als Ausschnitt einfügen*. Der Clip wird nun in der Timeline oberhalb der anderen Clips eingefügt.

Ein Clipbereich soll als Zwischenschnitt in die Timeline eingefügt werden.

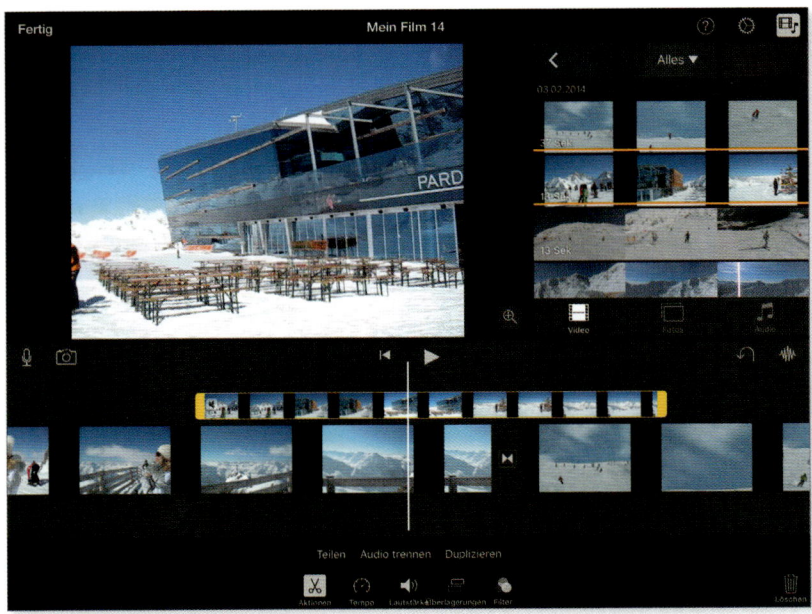

Der Zwischenschnitt liegt über den anderen Clips in der Timeline.

Der eingefügte Zwischenschnitt kann nun noch getrimmt, verschoben oder auch wieder entfernt werden. Die Audiospur des Zwischenschnitts ist standardmäßig ausgeblendet. Sie kann aber wieder eingeblendet werden, wenn Sie den Zwischenschnitt markieren und anschließend die Funktion *Lautstärke* links unten öffnen. In den Audioeinstellungen können Sie mit einem Fingertipp auf das Lautsprechersymbol die Audiospur wieder einblenden.

Die Audiospur für den Zwischenschnitt kann ein- und ausgeschaltet werden.

Bild-in-Bild-Clips

Neben dem Zwischenschnitt können Sie in iMovie auch Bild-in-Bild-Clips erstellen. Dabei wird ein Clip als kleines Fenster innerhalb eines anderen Clips wiedergegeben. Das können Sie z. B. verwenden, um eine Person einzublenden, die die dargestellte Szene erklärt, oder um Ereignisse von zwei unterschiedlichen Orten gleichzeitig zu zeigen.

Zuerst müssen Sie in der Mediathek einen Clip bzw. Clipbereich auswählen, mit dem die Bild-in-Bild-Funktion durchgeführt werden soll. Anschließend verwenden Sie die Funktion *Bild-in-Bild*. Der Clip bzw. Clipbereich wird nun an der aktuellen Position des Abspielkopfs in die Timeline eingefügt. Wie ein Zwischenschnitt liegt der eingefügte Clip oberhalb der anderen.

Ein Clip wird mit der Funktion „Bild-in-Bild" ...

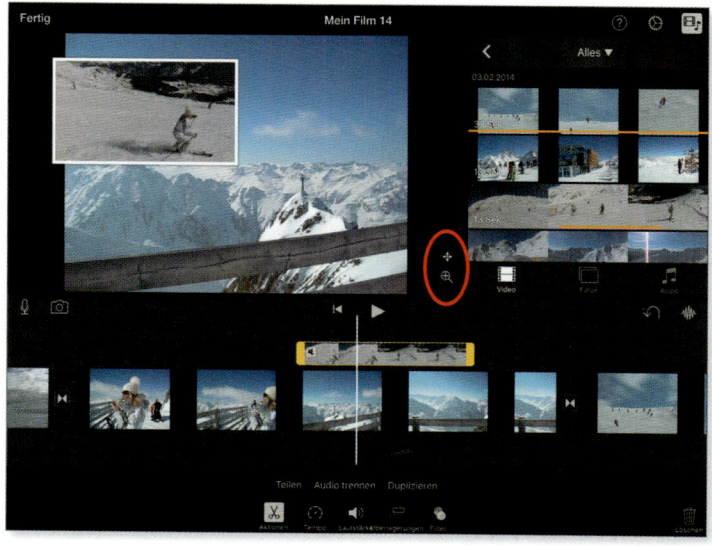

... in den Film eingefügt. Mit den Bearbeitungswerkzeugen kann der Clip noch verändert werden.

Der Bild-in-Bild-Clip kann von Ihnen noch verändert werden. Wenn Sie ihn in der Timeline auswählen, werden im Viewer zwei Bearbeitungswerkzeuge eingeblendet. Damit können Sie den Clip verschieben, die Größe und den Bildausschnitt ändern. Wenn Sie die Position ändern wollen, markieren Sie den Bild-in-Bild-Clip in der Timeline und tippen anschließend auf das Verschiebewerkzeug im Viewer. Der Clip ist nun im Viewer gelb umrandet und kann mit einem Finger verschoben oder mit zwei Fingern vergrößert oder verkleinert werden. Zum Ändern des Ausschnitts verwenden Sie das Lupensymbol und ziehen mit zwei Fingern den angezeigten Bereich im Rahmen größer oder kleiner. Dadurch wird der Bildausschnitt gezoomt.

Wie ein Zwischenschnitt bzw. jeder Clip lässt sich der Bild-in-Bild-Clip in der Timeline noch trimmen, verschieben oder auch wieder entfernen.

Nebeneinander

Es gibt noch eine dritte Art der Videoüberlagerung in iMovie, die Funktion *Nebeneinander*. Wie Sie sich bereits denken können, lassen sich mit dieser Funktion zwei Filme gleichzeitig abspielen. Im Gegensatz zu den anderen Videoüberlagerungen werden aber die beiden Clips in gleicher Größe im Film abgespielt. Besonders auf dem iPhone dürfte diese Funktion interessant sein, da sie es ermöglicht, Filme, die im Hochformat aufgenommen wurden, nebeneinanderzustellen.

Die Vorgehensweise ist genauso wie bei den anderen beiden Videoüberlagerungen. Zuerst wählen Sie einen Clip bzw. Clipbereich in der Mediathek aus. Anschließend verwenden Sie die Funktion *Nebeneinander einfügen*, um den Clip an die aktuelle Position des Abspielkopfs einzufügen.

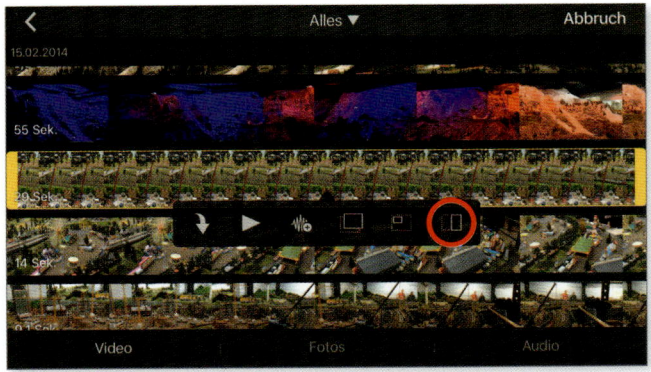

Ein markierter Clipbereich wird mit der Funktion „Nebeneinander" …

… in die Timeline eingefügt.

Standardmäßig wird der ursprüngliche Clip im linken Bereich angezeigt und der überlagerte Clip im rechten Bereich. Sie können die Position nachträglich noch ändern. Dazu müssen Sie zuerst den überlagerten Clip in der Timeline markieren ❶.

Die Einstellungen auf dem iPhone …

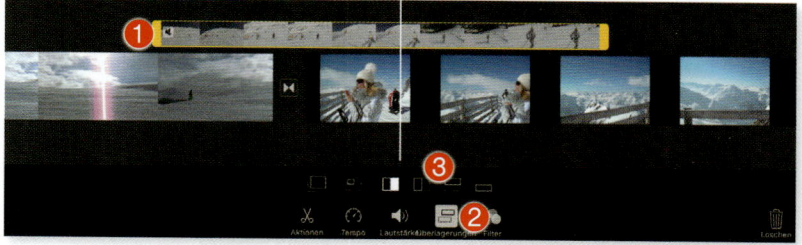

… und auf dem iPad.

In der Kategorie *Überlagerungen* ❷ befinden sich die Einstellungen für die Videoüberlagerung *Nebeneinander* ❸. Wählen Sie anschließend die gewünschte Position für den Clip aus.

Clips drehen und skalieren

Filmclips lassen sich in der Timeline drehen und vergrößern bzw. verkleinern. Die Funktionen sind z. B. sehr nützlich, wenn ein Video verkehrt herum aufgenommen wurde und deswegen auf dem Kopf steht oder Sie nur einen Teilbereich des Videos haben wollen.

Um einen Filmclip zu drehen, reicht es aus, den Abspielkopf an die Position des Filmclips in der Timeline zu bewegen. Anschließend berühren Sie mit zwei Fingern den Viewer und führen eine Drehbewegung aus. Der Filmclip wird damit um 90 Grad gedreht, je nachdem, in welche Richtung Sie die Finger bewegt haben, im Uhrzeigersinn bzw. entgegen dem Uhrzeigersinn.

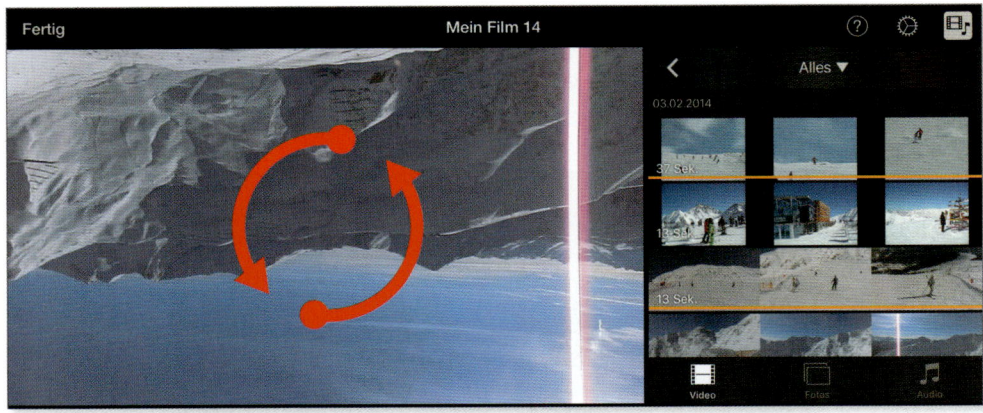

Filmclips mit falscher Ausrichtung können mit zwei Fingern …

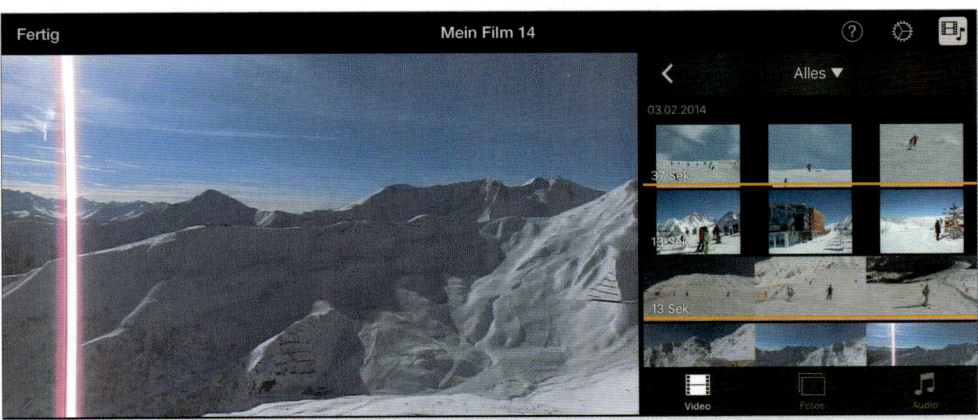

… in die richtige Lage gedreht werden.

In iMovie können Sie nur Filmclips drehen, platzierte Fotos nicht. Eine Ausnahme bilden die Standbilder, die man von einem Filmclip in iMovie erstellt hat. Zum Drehen von Fotos müssen Sie die App **Fotos** oder **iPhoto** verwenden.

Auf ebenso einfache Weise wie das Drehen können Sie einen Filmclip auch skalieren bzw. den sichtbaren Teil beschränken. Dazu müssen Sie zuerst in der Timeline den Filmclip auswählen, den Sie verändern möchten. Anschließend tippen Sie auf das Lupensymbol im Viewer, um die Skalierfunktion zu aktivieren. Jetzt können Sie mit zwei Fingern den Clip im Viewer vergrößern. Durch anschließendes Verschieben des Clips im Viewer wird der Ausschnitt festgelegt.

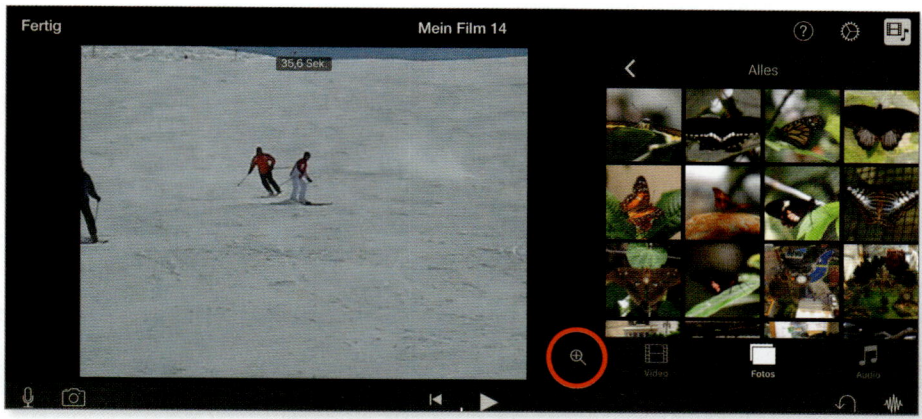

Mit der Vergrößerungsfunktion im Viewer ...

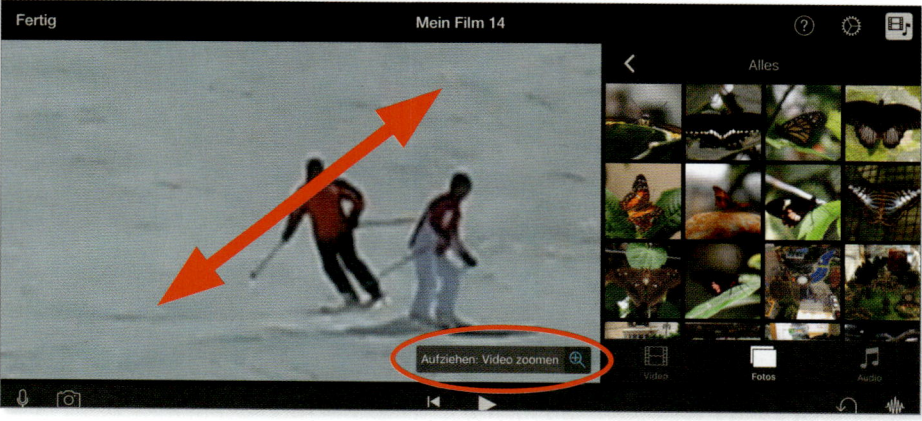

... kann ein Filmclip skaliert und positioniert werden.

Projekt- und Clipfilter

Falls Ihnen das Aussehen Ihres Filmprojekts oder Clips zu langweilig erscheint, können Sie diverse Filter auf den gesamten Film bzw. auf einzelne Clips anwenden. Dabei bietet iMovie zehn verschiedene Filter an, um das Projekt oder einen Clip zu verfremden.

Den *Projektfilter* finden Sie in den *Projekteinstellungen* (das kleine Zahnradsymbol). Dort müssen Sie dann nur noch einen Filter antippen, um das Aussehen des gesamten Films zu ändern. Auf diese Weise können Sie z. B. den gesamten Film in Schwarz-Weiß inklusive Kratzer und Störungen ändern lassen.

> **!** Der Projek- und Clipfilter kann jederzeit wieder geändert oder entfernt werden. Rufen Sie dazu einfach wieder die Projekteinstellungen bzw. den Clip auf, und ändern den Filter.

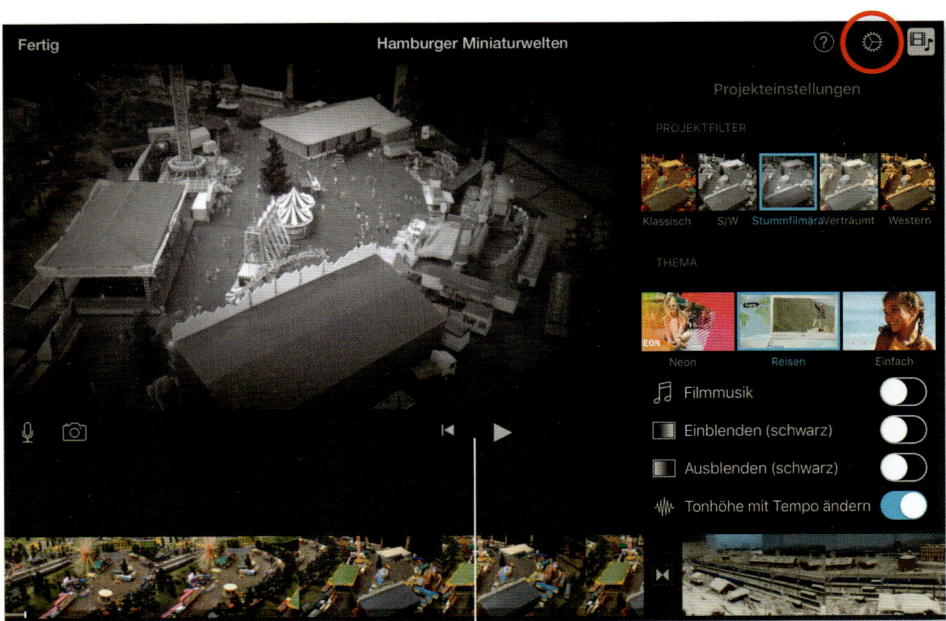

Die Projektfilter ändern das Aussehen des gesamten Films.

Die Filtereinstellungen für die Clips erhalten Sie, wenn Sie einen Clip in der Zeitleiste markieren und anschließend auf die Kategorie *Filter* tippen. Damit werden direkt unterhalb des Clips die Filtereinstellungen sichtbar.

Auch einzelne Clips können mit einem Filter belegt werden.

> **!** Clipfilter können auch auf platzierte Fotos angewendet werden.

Übergänge/Überblendungen

Übergänge bei Filmen sind ein Gestaltungsmittel, um den Wechsel von einer Szene zu einer anderen zu glätten oder zu überblenden. iMovie bietet eine Palette an Übergängen an, um den Film ansprechender zu machen.

Die Übergänge haben in iMovie standardmäßig eine Länge von einer Sekunde. Die Länge eines jeden Übergangs kann aber jederzeit manuell geändert werden.

> Allgemein gilt: Kein Übergang darf länger sein als die Hälfte der Dauer eines Clips auf beiden Seiten. Aus diesem Grund sind unter Umständen die Übergänge im Projekt kürzer, je nach Länge des kürzesten Clips, der zu einem Übergang gehört.

Die Übergänge werden von iMovie selbstständig eingefügt, sobald Sie einen Clip oder Clipbereich der Timeline hinzufügen. Die Art der Übergänge wird durch das jeweilige Thema des Films bestimmt. Ein Übergang kann aber von Ihnen nachträglich noch geändert oder entfernt werden.

Dauer und Art eines Übergangs ändern

Zuerst werden wir uns ansehen, wie man die Dauer und die Art eines Übergangs beeinflussen kann. Ein Übergang ist in der Timeline immer zwischen zwei Clips zu finden. Je nach Übergangsart wird er durch unterschiedliche Symbole dargestellt. Der Standardübergang hat dieses Symbol: ◪.

Um nun einen Übergang zu ändern, müssen Sie ihn in der Timeline markieren, indem Sie ihn mit dem Finger antippen. Der Übergang erhält eine gelbe Umrandung als Kennzeichnung für die Markierung.

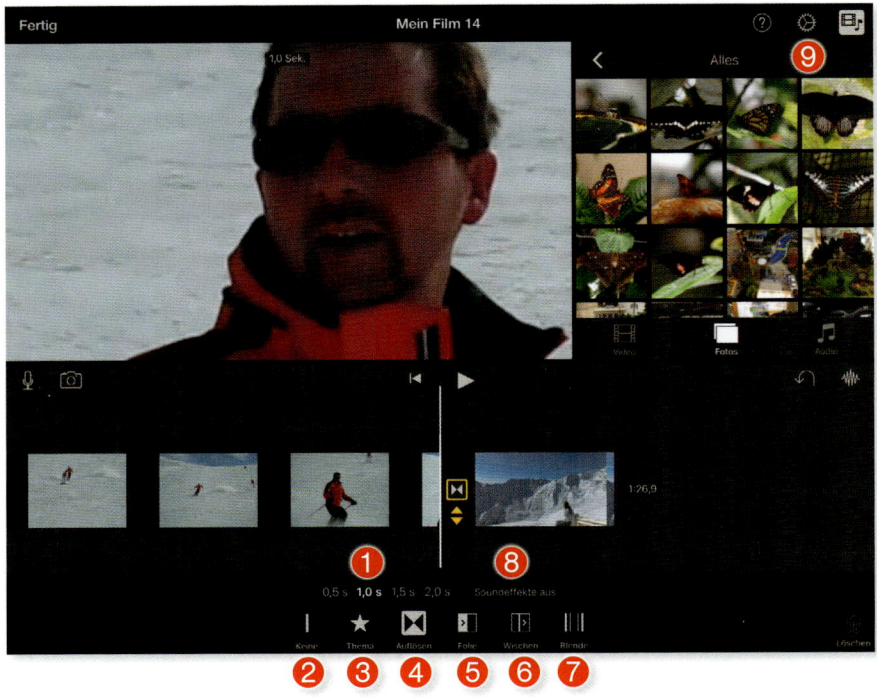

Die Einstellungen für einen Übergang auf dem iPad.

Um die Länge des Übergangs zu ändern, tippen Sie auf die Sekundenanzeige ❶.

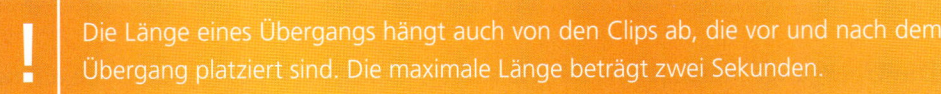

! Die Länge eines Übergangs hängt auch von den Clips ab, die vor und nach dem Übergang platziert sind. Die maximale Länge beträgt zwei Sekunden.

Um die Art des Übergangs zu ändern, können Sie die Symbole am unteren Rand des Displays verwenden. Die einzelnen Übergangsarten bewirken Folgendes:

❷ *Keine:* Wenn Sie diese Option wählen, wird der Übergang zwischen den Clips entfernt, und es findet keine Überblendung statt.

❸ *Thema:* Immer ist ein Übergang abhängig vom gewählten Filmthema. So wird z. B. bei der Verwendung des Filmthemas *Nachrichten* eine blaue Weltkarte für die Überblendung eingesetzt. Die themenbezogenen Übergänge haben auch einen Toneffekt, der mit dem Lautsprechersymbol (iPhone) bzw. *Soundeffekt aus* (iPad) ❽ ein- und ausgeschaltet werden kann.

❹ *Auflösen:* Mit dem Standardübergang wird ein Clip in den anderen langsam übergeblendet.

❺ *Folie:* Bei diesem Übergang schiebt ein Clip den anderen hinaus. Die Schieberichtung ändern Sie, indem wiederholt auf das Symbol tippen. Das Symbol zeigt Ihnen dann die jeweilige Schieberichtung an.

❻ *Wischen:* Ein Clip wird über den anderen gewischt. Die Schieberichtung kann dabei wie bei *Folie* eingestellt werden.

❼ *Blende zu Schwarz* oder *Blende zu Weiß*: Damit lässt sich ein Clip zu einem schwarzen oder weißen Hintergrund ausblenden. Sie können zwischen Schwarz und Weiß wechseln, wenn Sie wiederholt auf das Symbol tippen.

Des Weiteren bietet iMovie eine automatische Ein- und Ausblendung für den Filmanfang und das Filmende an. Diese aktivieren Sie, indem Sie die *Projekteinstellungen* ❾ öffnen. Dort finden Sie einen Schalter für *Einblenden (schwarz)* und *Ausblenden (schwarz)*. Wenn Sie beide aktivieren, wird jeweils am Anfang und am Ende des Films eine Ein- und Ausblendung zu einem schwarzen Hintergrund hinzugefügt. Die Ein- bzw. Ausblendung wird im ersten und letzten Clip in der Timeline mit einem Symbol gekennzeichnet. Daran können Sie sofort erkennen, ob die Funktionen aktiviert sind.

Dieses Symbol steht für eine Ausblendung zu Schwarz.

Präzisions-Editor (nur iPad)

Eine sehr elegante Methode, um einen Übergang genau einzustellen, ist der Präzisions-Editor, den es nur für die iPad-Version von iMovie gibt. Dieser ermöglicht es nicht nur, die Position eines Übergangs festzulegen, sondern auch dessen Beginn und Ende.

Den Präzisions-Editor erhalten Sie, wenn Sie einen Übergang in der Timeline antippen und dann auf den gelben Doppelpfeil unterhalb des Übergangs tippen.

Übergänge/Überblendungen

Mit diesen Schaltflächen kann der Präzisions-Editor geöffnet werden.

Im Präzisions-Editor werden die beiden Clips, die zum Übergang gehören, jeweils in einer Zeile untereinander angezeigt. Dazwischen ist der Übergang platziert, den Sie bearbeiten. Um das Ende des Übergangs zu ändern, nehmen Sie im ersten Clip den rechten gelben Balken ❶. Dementsprechend können Sie den Beginn mit dem linken gelben Balken ❷ im zweiten Clip ändern. Sie müssen die Balken nur nach links bzw. rechts verschieben.

> **!** Mit dem Verschieben der beiden Balken wird nicht nur der Übergang verändert, sondern es werden auch die beiden Clips getrimmt. Die dunkelgrau angezeigten Bereiche der Clips sind ausgeblendet und erscheinen deswegen auch nicht im Film.

Der Präzisions-Editor von iMovie auf dem iPad.

Um den gesamten Übergang weiter nach vorne oder hinten zu schieben, nehmen Sie ihn in der Mitte nahe bei dem Übergangssymbol ❸. Die Länge des Übergangs kann darunter ❹ eingestellt werden. Wollen Sie den Präzisions-Editor wieder verlassen, tippen Sie oder auf den gelben Doppelpfeil ❺.

> **!** Denken Sie daran, dass die Timeline mit zwei Fingern größer gezoomt werden kann. Dadurch lässt sich der Übergang noch genauer positionieren.

Titel

Ein schönes und Szenen unterstreichendes Gestaltungsmittel beim Videoschnitt sind Titel. Damit lässt sich Text zum Videomaterial hinzufügen, um z. B. eine Einleitung oder einen Abspann zu erstellen. In iMovie können Titel in einen Videoclip integriert werden. Dabei sollte man sich vom Begriff „Titel" nicht irreleiten lassen. Ein Titel kann auch einfach eine Bauchbinde oder ein Untertitel sein.

Titel hinzufügen

Titel sind immer ein Bestandteil eines Clips, sie können also nicht als eigenständiger Clip im Filmprojekt platziert werden. Aus diesem Grund müssen Sie auch zuerst einen Filmclip in der Timeline auswählen, bevor Sie einen Titel platzieren.

Sobald ein Filmclip ausgewählt ist, erscheint im unteren Bereich die Funktion *Titel*.

Ein Titel wird immer im Zusammenhang mit einem Filmclip verwendet.

Standardmäßig ist die Titelfunktion ausgeschaltet ❶. Sie müssen zuerst zwischen drei Positionierungsarten ❷ wählen. Mit *Anfang* erhalten Sie einen themenabhängigen Titel der zu Beginn des Clips platziert wird. Nicht jedes Thema bietet diese Einstellung. Die Option *Mitte* lässt den Titel erst ab der Mitte des Clips erscheinen, und die Funktion *Schließen* stellt den Titel ans Ende des Clips.

> **!** Je nach gewählter Platzierungsart und Projektthema wird das Erscheinungsbild des Titels geändert. Es kann auch die Positionierungsart **Niedriger** erscheinen, die den Titel in den unteren Bereich des Viewers verschiebt.

Titel

Die Einstellungen für den Titel.

Titelstil ändern

Das Aussehen des Titels wird normalerweise vom Projektthema bestimmt, kann aber individuell geändert werden. Dazu müssen Sie nur einen *Titelstil*  auswählen. Sie haben dann die Auswahl zwischen neun unterschiedlichen Erscheinungsbildern für den Titeltext. Der erste Stil ist übrigens immer der themenabhängige Titel.

> **!** Bitte beachten Sie, dass beim Ändern des Titelstils auch die Position des Textes im Clip geändert wird. So wird z. B. bei dem Stil **Fokus** der Text mittig im Viewer ausgerichtet.

Titeltext bearbeiten

Da ein Titel einen Text beinhaltet, müssen Sie diesen natürlich noch bestimmen. Dazu reicht es aus, den Filmclip mit dem hinzugefügten Titel in der Timeline auszuwählen und anschließend mit einem Fingertipp den Text im Viewer zu markieren. Dadurch wird der Textcursor platziert und die Tastatur für die Eingabe geöffnet. Mit der Schaltfläche *Fertig* wird die Eingabe bestätigt und die Tastatur geschlossen.

> **!** Um schnell den vorhandenen Text zu entfernen, können Sie auf das X-Symbol im Titel tippen.

Mit einem Fingertipp wird der Text im Viewer angewählt und kann anschließend geändert werden.

> **!** Größe, Farbe und Schriftart eines Titels lassen sich nicht einstellen. Diese Eigenschaften werden immer vom jeweiligen Projektthema bestimmt.

Titel entfernen

Das Entfernen eines Titels ist sehr einfach. Sie wählen den Clip mit dem Titel in der Timeline aus, wechseln zum Bereich *Titel* und wählen dort die Option *Ohne*. Der Titel ist damit gelöscht. Sie erkennen das auch daran, dass das kleine T-Symbol im Clip verschwunden ist.

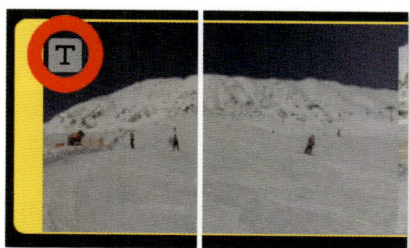 

Im linken Bild hat der Clip einen Titel, während er im rechten Bild entfernt wurde.

Ortsangaben für Titel ändern

iMovie kann Informationen über den Aufnahmeort von Fotos und Videos aus den Daten herauslesen, um sie für Titel innerhalb des Filmprojekts zu verwenden. Die Projektthemen *Reisen* und *Nachrichten* verwenden in ihren Titelstilen Orte bzw. Ortsangaben. Wenn Sie also z. B. einen Filmclip hinzufügen, der mit dem iPhone in Luzern in der Schweiz aufgenommen wurde, erscheint im Titel die Ortsangabe „Schweiz". Diese Ortsangabe kann von Ihnen nachträglich geändert bzw. genauer bestimmt und überschrieben werden.

! Nicht jedes Video oder Foto hat gespeicherte GPS-Daten vom Aufnahmeort. Aus diesem Grund können Sie Ortsangaben bei jedem Video und Foto hinzufügen, das in der Timeline platziert und mit einem Titel versehen ist.

Um nun die Ortsangabe zu ändern, müssen Sie den Clip mit dem Titel in der Timeline auswählen und anschließend die Einstellungen für den *Titel* öffnen. Dort finden Sie rechts unten die Funktion *Ort* (iPad) bzw. eine Stecknadel (iPhone). Wenn Sie darauf tippen, öffnet sich ein Eingabefeld, in das Sie den Ortsnamen eingeben können.

Im Titel wird die Bezeichnung „Schweiz" verwendet, da diese Ortsangabe aus dem Foto übernommen wurde.

Die Ortsangabe kann überschrieben werden, um den Ort genauer zu bestimmen.

Auf die gleiche Weise können Sie Videos oder Fotos, bei denen die Ortsangabe fehlt, noch eine hinzufügen. Zur genaueren Standortbestimmung tippen Sie auf das Suchsymbol (Lupe) und lassen das Land bzw. den Ort suchen. Der Ort wird nach dem Auswählen im Titel bzw. im Film und Viewer eingeblendet.

Übrigens können Sie mit einem Tipp auf das Ortungssymbol ◢ den aktuellen Standort eintragen lassen, wenn Sie die **Ortungsdienste** auf dem iPhone bzw. iPad aktiviert haben.

Audiobearbeitung

Ein Film ohne Ton ist wie ein Bier ohne Schaum, einfach fad! Aus diesem Grund bietet iMovie dem Anwender eine ganze Reihe Möglichkeiten, um die Audiospuren der Videoclips zu verändern oder dem Film eine Hintergrundmusik zuzuweisen.

Audiospur einblenden (nur iPad)

Bevor Sie beginnen, die Audiodaten eines Clips zu verändern, sollten Sie zuerst die Audiospur einblenden. Diese ist nämlich standardmäßig ausgeblendet. Sie können die Audiospur in der Timeline unabhängig ein- und ausblenden. Dazu reicht ein Fingertipp auf das Symbol mit der Audiowelle ⚊ ❶. Die Tonspur wird dann unterhalb der Filmclips ❷ in der Timeline eingeblendet.

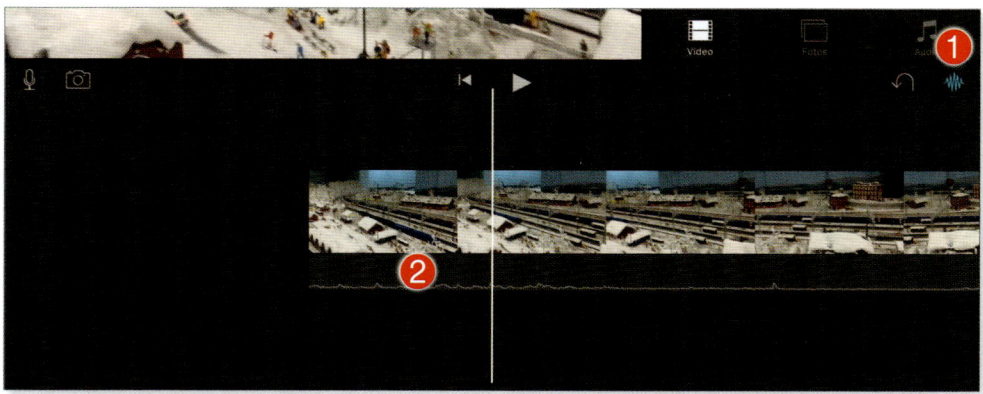

Die Audiospur wird in der Timeline eingeblendet.

Lautstärke anpassen

Die Lautstärke einer Audiospur kann in der Timeline verändert werden, auch auf dem iPhone. Dazu müssen Sie den Filmclip markieren, dessen Lautstärke bearbeitet werden soll. In der Kategorie *Lautstärke* ❶ können Sie nun mit dem Schieberegler ❷ die Lautstärke anpassen. Ein Fingertipp auf das Lautsprechersymbol ❸ schaltet die Audiospur stumm. Ein erneutes Tippen deaktiviert die Stummschaltung.

Die Einstellungen für die Lautstärke auf dem iPhone.

Hintergrundmusik

Eine Hintergrundmusik ist ein gutes Stilmittel, um einen Film interessanter oder auch spannender zu gestalten. Mit einer Hintergrundmusik können Sie die Stimmung im Film beeinflussen, die Dramatik steigern oder einfach nur Atmosphäre schaffen. Musikdateien als Hintergrundmusik zu verwenden ist in iMovie sehr einfach zu bewerkstelligen.

> **!** In iMovie kann man Audiodateien entweder als Hintergrundmusik oder als normalen Clip der Timeline hinzufügen. Eine Hintergrundmusik hat den Vorteil, dass Änderungen, die Sie an anderen Clips Ihres Films vornehmen, keine Auswirkung haben. Dies kann z. B. nützlich sein, wenn Sie Ihren Film für einen bestimmten Musiktitel schneiden wollen.

Eine Hintergrundmusik läuft in einer Endlosschleife ab. Sie wird also automatisch wiederholt, wenn der Film länger als das Musikstück ist. Umgekehrt wird die Musik automatisch mit dem Film gekürzt. Sie können aber auch mehrere Musikstücke für die Hintergrundmusik verwenden, sie werden von iMovie automatisch nacheinander abgespielt.

Filmmusik verwenden

Jedes Filmthema von iMovie hat auch eine passende integrierte Titelmusik, die im Hintergrund abgespielt wird. Sie können diese Titelmusik jederzeit ein- und ausblenden. Dazu müssen Sie die *Projekteinstellungen* ❶ öffnen und dort den Schalter für die *Filmmusik* ❷ ein- bzw. ausschalten. Die Filmmusik wird in der Timeline als grüner Balken ❸ dargestellt.

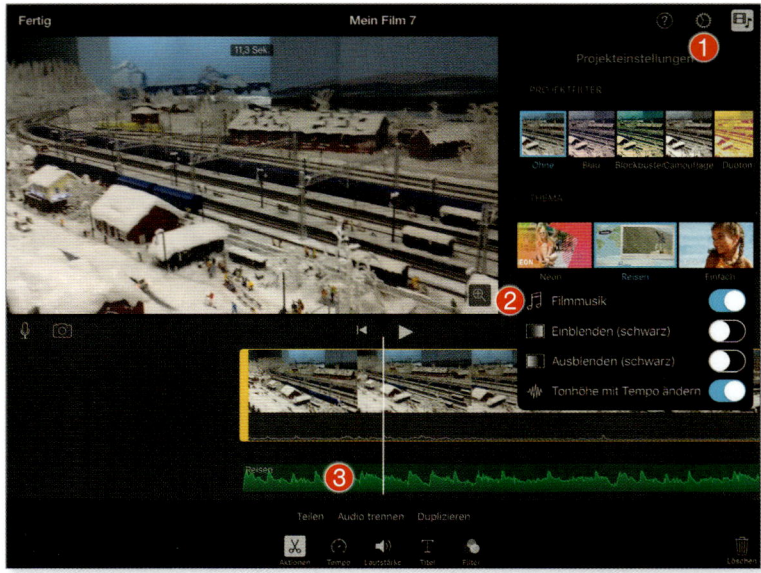

Die „Filmmusik" wird in den „Projekteinstellungen" aktiviert.

Eigene Hintergrundmusik

Natürlich kann man in iMovie auch eigene Musikstücke als Hintergrundmusik verwenden. iMovie greift dabei auf die Mediathek der App *Musik* zurück. Also alles, was auf Ihrem iPad oder iPhone in der App *Musik* aufgelistet ist, haben Sie auch in iMovie verfügbar.

Die Musiktitel finden Sie im Bereich *Audio* in der *Mediathek.* Dort sind alle Titel in unterschiedlichen Kategorien aufgelistet. Die Kategorien *Titelmusik* und *Toneffekte* enthalten unter anderem die Titelmusik der einzelnen Projektthemen. Die restlichen Kategorien sind die gleichen, wie sie auch in der App *Musik* verwendet werden.

Die Musiktitel befinden sich im Bereich „Audio" in der „Mediathek".

> **!** Damit Sie schnell das gewünschte Musikstück finden, können Sie die Suche verwenden. Dazu ziehen Sie den Audiobereich nur ein Stückchen nach unten, damit im oberen Bereich das Eingabefeld für die Suche erscheint.

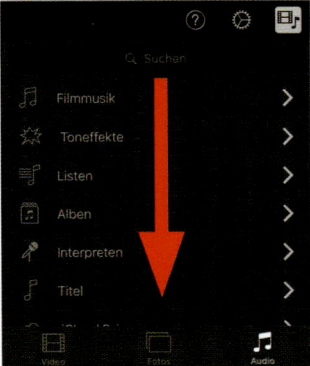

Es gibt auch eine Suchfunktion im Audiobereich.

Um nun einen Musiktitel als Hintergrundmusik hinzuzufügen, müssen Sie ihn im Audiobereich der Mediathek zuerst auswählen ❶. Bevor Sie den Titel hinzufügen, können Sie ihn noch abspielen ❷, um sicherzugehen, dass es das richtige Musikstück ist. Mit einem Fingertipp auf das Pfeilsymbol ❸ wird das Musikstück in die Timeline als Hintergrundmusik eingefügt. Sie können dies an dem grünen Balken ❹ erkennen.

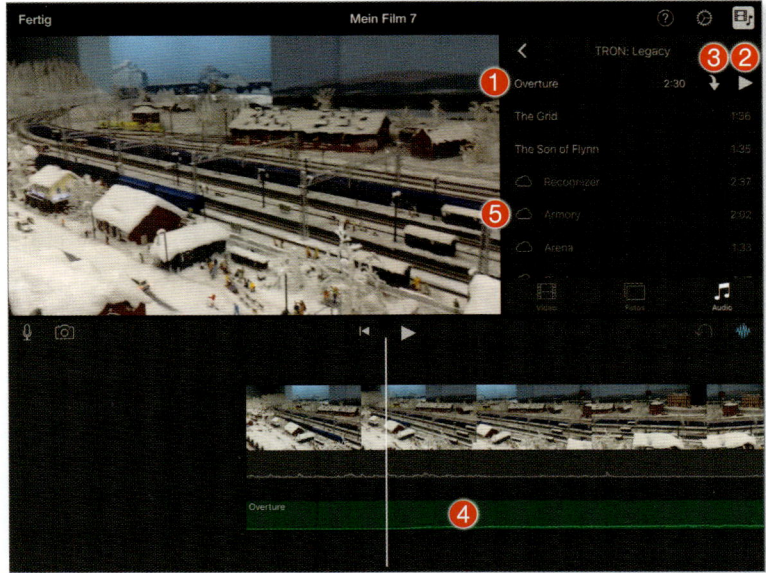

Aus der Mediathek wurde eine Hintergrundmusik hinzugefügt.

> **!** Wenn Sie ein Musikstück hinzufügen, das kürzer als eine Minute ist, verhält es sich wie ein **Toneffekt** und wird in der Timeline blau dargestellt. Näheres zu **Toneffekten** erfahren Sie auf Seite 152.

Sollte in der Liste ein Musiktitel grau mit einem Wolkensymbol dargestellt sein , kann das zwei Ursachen haben. Entweder Sie verwenden iTunes Match oder Apple Music und der Titel ist noch nicht auf das Gerät heruntergeladen, oder es handelt sich um einen kopiergeschützten Titel (Stichwort Digital Right Management). Im ersten Fall müssen Sie nur die App *Musik* öffnen und den Musiktitel auf das Gerät herunterladen. Im zweiten Fall haben Sie Pech gehabt. Man darf diesen Titel einfach nicht in Programmen wie iMovie verarbeiten.

Hintergrundmusik entfernen

Eine Hintergrundmusik lässt sich genauso einfach entfernen, wie sie hinzugefügt wird. Sie müssen nur die grüne Audiospur der Hintergrundmusik in der Timeline auswählen und anschließend auf das Mülleimersymbol ▥ tippen. Damit wird die Hintergrundmusik aus dem Film entfernt.

Hintergrundmusik ein- und ausblenden

Eine Hintergrundmusik kann wie ein Filmclip am Anfang und am Ende ein- bzw. ausgeblendet werden. Dabei wird die Lautstärke zu Beginn des Films automatisch erhöht und zum Ende verringert. Die Ein- und Ausblendung wird in der Kategorie *Lautstärke* aktiviert. Dazu müssen Sie den Audioclip in der Timeline auswählen und anschließend auf die Funktion *Ein-/Ausblenden* tippen.

Am Anfang und am Ende des Audioclips erscheint nun ein gelber Pfeil. Damit können Sie die Länge der Ein- bzw. Ausblendung festlegen. Verschieben Sie diesen Pfeil nach rechts bzw. links. Die Ein-/Ausblendung wird damit auch in der Audiospur etwas dunkler angezeigt. Zum Entfernen der Ein-/Ausblendung müssen Sie die beiden gelben Pfeile wieder ganz zurück zum Anfang bzw. Ende verschieben.

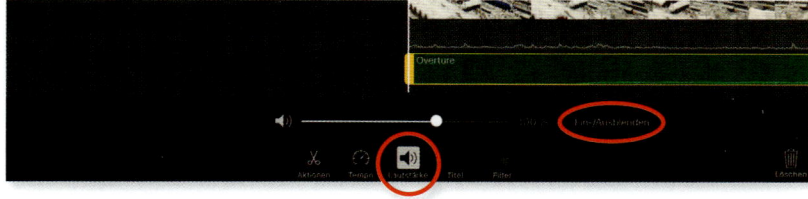

Das Ein- und Ausblenden der Hintergrundmusik wird in den Audioeinstellungen aktiviert.

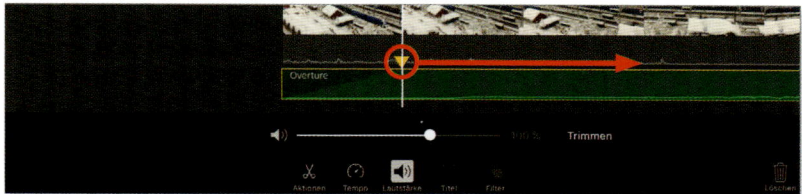

Mit dem gelben Pfeil wird die Länge der Ein-/Ausblendung festgelegt.

> **!** Um die Anpassung der Ein-/Ausblendung zu verlassen, tippen Sie auf **Trimmen** neben dem Lautstärkeregler.

Hintergrundmusik teilen und trimmen

Die Audiospur der Hintergrundmusik kann wie ein normaler Filmclip geteilt und getrimmt werden. Das ist z. B. nützlich, wenn Sie mehrere Musikstücke für die Hintergrundmusik aneinanderreihen wollen. Oder aber Sie wollen nicht das ganze Musikstück verwenden.

Das Trimmen geht ganz einfach: Verschieben Sie die gelben Balken am Anfang oder Ende des ausgewählten Audioclips nach rechts bzw. links. Damit wird die Hintergrundmusik von vorne bzw. von hinten gekürzt.

Zum Teilen müssen Sie zuerst die Hintergrundmusik auswählen und den Abspielkopf an die Position bewegen, wo die Spur geteilt werden soll. Anschließend öffnen Sie die Kategorie Aktionen. Danach wählen Sie die Funktion *Teilen* aus. Die Hintergrundmusik ist nun geteilt, und Sie können die einzelnen Teile unabhängig voneinander bearbeiten, z. B. verschieben und löschen oder die Lautstärke ändern.

Die Audiospur der Hintergrundmusik wird an der Position des Abspielkopfs geteilt.

Abspielgeschwindigkeit ändern

Neben dem Trennen und Trimmen kann auch das Tempo einer Audiospur geändert werden. Das macht z. B. Sinn, wenn die Hintergrundmusik keine Musik ist, sondern gesprochener Text, und Sie diesen etwas schneller laufen lassen wollen.

Um das *Tempo* einzustellen, wählen Sie die Audiospur in der Timeline aus und tippen Sie anschließend auf die gleichnamige Funktion. Mit einem Schieberegler können Sie die Geschwindigkeit der Audiospur bestimmen.

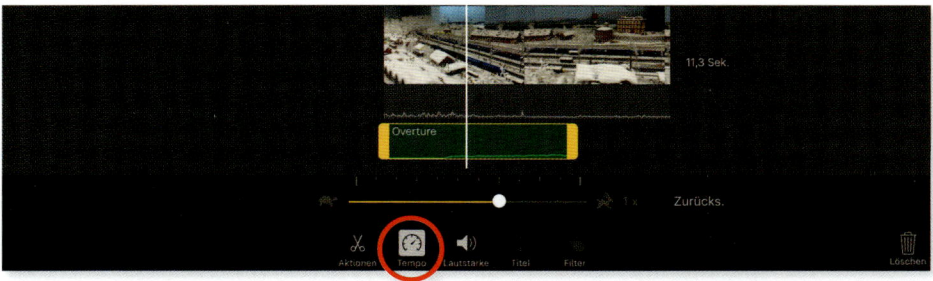

Die Abspielgeschwindigkeit der Audiospur kann verlangsamt oder beschleunigt werden.

Toneffekte

Die Hintergrundmusik ist nur eine Möglichkeit, einen iMovie-Film mit Audiodateien aufzupeppen. Sie können jedem Videoclip auch einen Toneffekt zuweisen. Toneffekte sind sehr kurze Audiodateien, die zum Hervorheben von Szenen und Situationen in einem Film verwendet werden. Der Toneffekt wird mit dem Filmclip verankert. Wird der Filmclip also in der Timeline verschoben, dann verschiebt sich der Toneffekt automatisch mit.

Ein Toneffekt wird immer an der aktuellen Position des Abspielkopfs hinzugefügt, Sie sollten also zuerst den Abspielkopf in der Timeline positionieren. Anschließend wählen Sie aus dem Bereich *Audio* in der *Mediathek* die Kategorie *Toneffekte*. Dort finden Sie eine Reihe von mitgelieferten kurzen Audiodateien, die Sie in Ihrem Film verwenden können.

 Sie müssen natürlich nicht die mitgelieferten Toneffekte von iMovie verwenden. Grundsätzlich kann jede Audiodatei verwendet werden, die kürzer als eine Minute ist. Ist die Datei länger als eine Minute, wird sie von iMovie als Hintergrundmusik interpretiert.

Das Einfügen in die Timeline funktioniert genauso wie bei einer Hintergrundmusik. Sie markieren den Titel ❶ und tippen auf das Pfeilsymbol ❷. Der Toneffekt wird nun als blauer Balken ❸ an der Position des Abspielkopfs hinzugefügt und ist mit dem Filmclip darüber verbunden. Wenn Sie also anschließend den Filmclip in der Timeline verschieben, wird der Toneffekt automatisch mitverschoben.

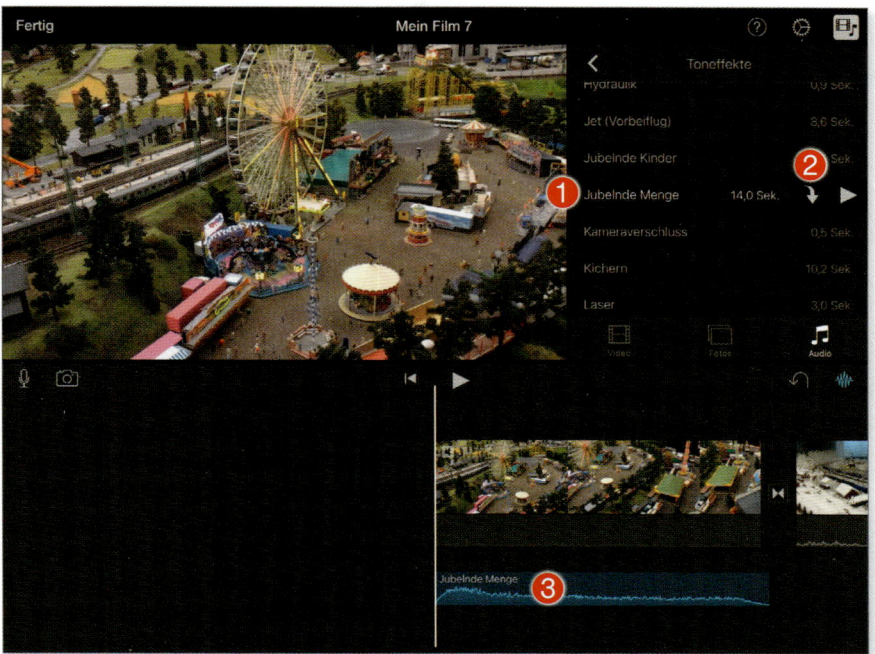

Ein Toneffekt wurde an der Position des Abspielkopfs hinzugefügt.

> **!** iMovie besitzt drei Tonspuren für die Toneffekte. Sie können also einem Clip bis zu drei Effekte hinzufügen.

Ein Toneffekt kann wie eine Hintergrundmusik verschoben, getrimmt, geteilt, ein- und ausgeblendet und schneller oder langsamer abgespielt werden. Wie man das macht, lesen Sie in den jeweiligen Abschnitten zur Hintergrundmusik ab Seite 147 nach.

Audiospur von einem Video hinzufügen

Es gibt noch eine weitere Möglichkeit, eine Audiodatei dem Film hinzuzufügen. Sie können aus jedem Video die Audiospur extrahieren und in Ihren Film einfügen. iMovie hat dafür eine spezielle Funktion.

Audiobearbeitung

Zuerst müssen Sie in der Mediathek den Videoclip auswählen, von dem Sie die Audiospur übernehmen wollen. Indem Sie den Auswahlbereich begrenzen, können Sie auch nur einen bestimmten Teil der Audiospur verwenden. Als Nächstes aktivieren Sie die Option *Nur Audio einfügen* ▮▮▮. Die Audiospur des markierten Bereichs wird nun an der Position des Abspielkopfs in den Film eingefügt. Sie wird wie ein Toneffekt behandelt und bekommt eine blaue Markierung.

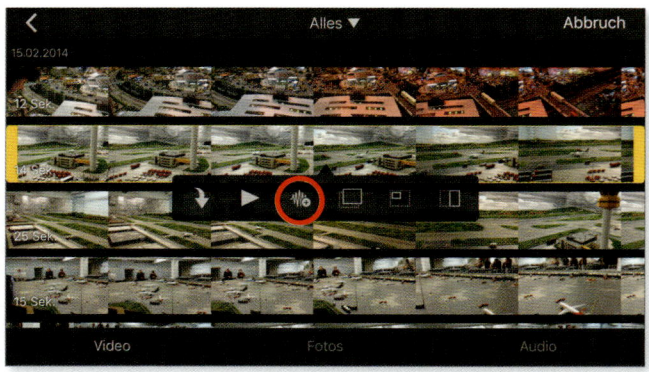

Die Audiospur des ausgewählten Bereichs …

… wird in den Film eingefügt.

> **!** Die eingefügte Audiospur lässt sich natürlich wie jeder Audioclip noch trimmen, teilen und lauter bzw. leiser machen.

Audio- und Videospur voneinander trennen

Manchmal kann es sinnvoll sein, die Audio- und die Videospur eines Filmclips voneinander zu trennen, um sie dann unabhängig voneinander zu bearbeiten. Dadurch kann z. B. die Audiospur anders getrimmt werden als die Videospur, oder die Audiospur kann dupliziert und als Toneffekt bei einem anderen Film-clip verwendet werden.

Das Trennen von Audio- und Videospur ist eine einfache Angelegenheit. Markieren Sie dafür zuerst den Filmclip in der Timeline, dessen Audiospur extrahiert werden soll. Anschließend wählen Sie aus dem Bereich *Aktionen* die Funktion *Trennen*. Das war's schon! Die Audiospur ist nun unabhängig von der Videospur bearbeitbar.

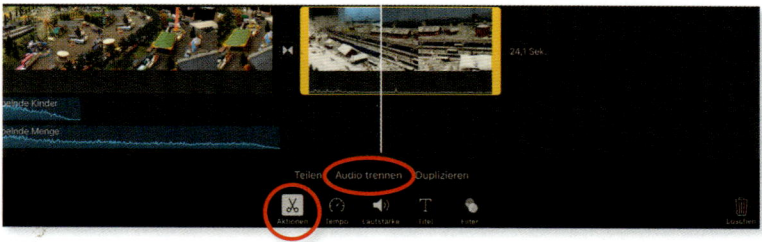

In den Audioeinstellungen des Filmclips befindet sich die Trennfunktion …

… mit der die Audiospur aus dem Filmclip extrahiert wird.

> **!** Die Trennung einer Audiospur kann später nicht mehr rückgängig gemacht wer-den. In diesem Fall müssen Sie den Filmclip aus der Timeline löschen und erneut von der Mediathek platzieren.

Voiceover

In iMovie gibt es auch eine Funktion, um gesprochenen Text direkt zu einem Film aufzunehmen. Die Funktion heißt *Voiceover*. Da das iPad und das iPhone nicht nur eine Kamera, sondern auch ein Mikrofon haben, steht der Aufnahme eigentlich nichts mehr im Wege.

Die Aufnahmefunktion verbirgt sich hinter dem Mikrofonsymbol. Das Sym-bol wird eingeblendet, wenn in der Timeline nichts ausgewählt ist.

Audiobearbeitung

 ! Achten Sie bitte darauf, wo der Abspielkopf platziert ist. Der gesprochene Text wird an der Position des Abspielkopfs hinzugefügt.

Wenn Sie das Mikrofonsymbol antippen, öffnet sich ein kleines Fenster mit der Aufnahmesteuerung. Ein Fingertipp auf *Aufnahme* startet die Aufnahme mit einem Countdown von drei Sekunden. Sie können während der Aufnahme mitverfolgen, wie der Film abgespielt und der gesprochene Text aufgenommen wird. Ein Fingertipp auf *Stoppen* beendet die Aufnahme.

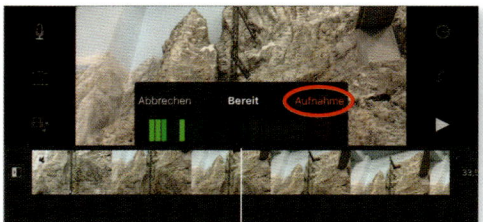 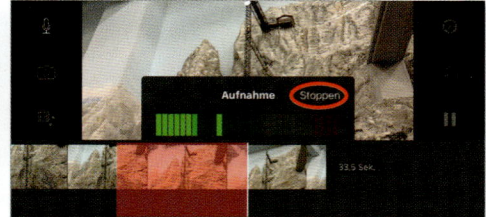

Die Aufnahme kann beginnen (links). Die Aufnahme läuft (rechts).

Nach dem Stoppen der Aufnahme können Sie diese zur Kontrolle abspielen lassen und entscheiden, ob sie neu aufgenommen oder verwendet wird. Wollen Sie die Aufnahme verwenden, erhalten Sie eine neue Audiospur in der Timeline, die nun von Ihnen bearbeitet werden kann.

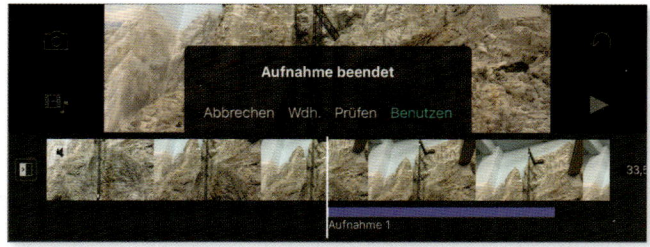

Sie können entscheiden, was mit der Audioaufnahme passieren soll.

Präzisions-Editor (nur iPad)

Der Präzisions-Editor ist nicht nur für das Bearbeiten von Übergängen gedacht, sondern kann auch die Überblendungen von Audiospuren steuern. So können Sie z. B. den Ton eines zweiten Filmclips ablaufen lassen, obwohl der erste Filmclip noch sichtbar ist, und natürlich auch umgekehrt eine Tonspur abspielen lassen, obwohl der dazugehörige Filmclip bereits ausgeblendet ist.

Um den Präzisions-Editor zu öffnen, müssen Sie zuerst den Übergang zwischen zwei Clips auswählen und dann entweder auf den gelben Doppelpfeil direkt darunter tippen. Im Editor werden nun die beiden Filmclips untereinander angezeigt. In der Mitte ist der Übergang zu sehen. Wenn die Audiospuren eingeblendet sind, sehen Sie am Anfang und am Ende des Übergangs jeweils einen blauen Balken. Damit können Sie nun die Audiospuren der Filmclips verlängern bzw. verkürzen, um somit die Überblendung genau zu steuern. Um den Präzisions-Editor nach der Bearbeitung wieder zu verlassen, tippen Sie erneut auf den gelben Doppelpfeil.

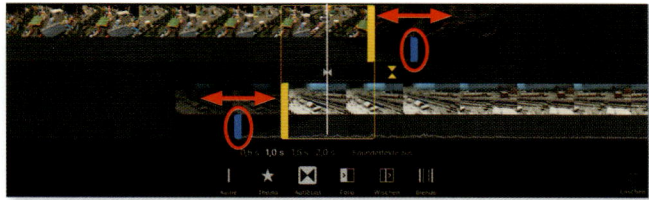

Im Präzisions-Editor kann die Überblendung der Audiospuren eingestellt werden.

Staffelung der Audioclips ändern

iMovie verwendet beim Einsatz von Hintergrundmusik eine Funktion, die „Ducking" genannt wird. Dabei wird die eingefügte Hintergrundmusik automatisch etwas leiser wiedergegeben, wenn der Filmclip gleichzeitig eine Audiospur enthält oder Toneffekte hinzugefügt wurden. iMovie unterteilt die unterschiedlichen Audiospuren in Vordergrundmusik (Toneffekte und Audiospur der Clips) und Hintergrundmusik. Aus diesem Grund können Sie auch jederzeit eine Vordergrundmusik in eine Hintergrundmusik umwandeln.

Wählen Sie dazu die Audiospur in der Timeline aus, die verschoben werden soll. Anschließend wählen Sie aus den *Aktionen* die Funktion *Hintergrund* bzw. *Vordergrund*. Damit wird der markierte Audioclip in den Hinter- bzw. Vordergrund verschoben. Sie können dies auch sofort in der Timeline an der veränderten Farbe und Position erkennen.

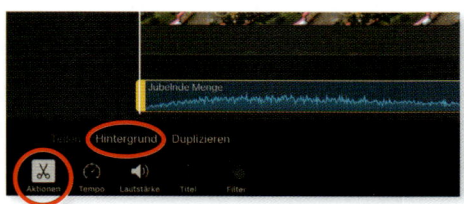 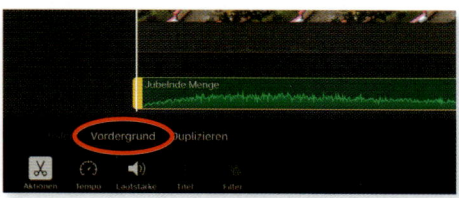

Der ausgewählte Toneffekt wird in den Hintergrund verschoben.

Fotos und Standbilder

Neben den Videoclips und den Audiodateien sind Fotos das dritte Element, das man in einem iMovie-Film verwenden kann. iMovie greift beim Platzieren von Fotos als Standbilder auf die Bibliothek der App *Fotos* zurück. Alle Aufnahmen bzw. Alben, die in dieser App vorhanden sind, werden in iMovie angezeigt und können dementsprechend verwendet werden.

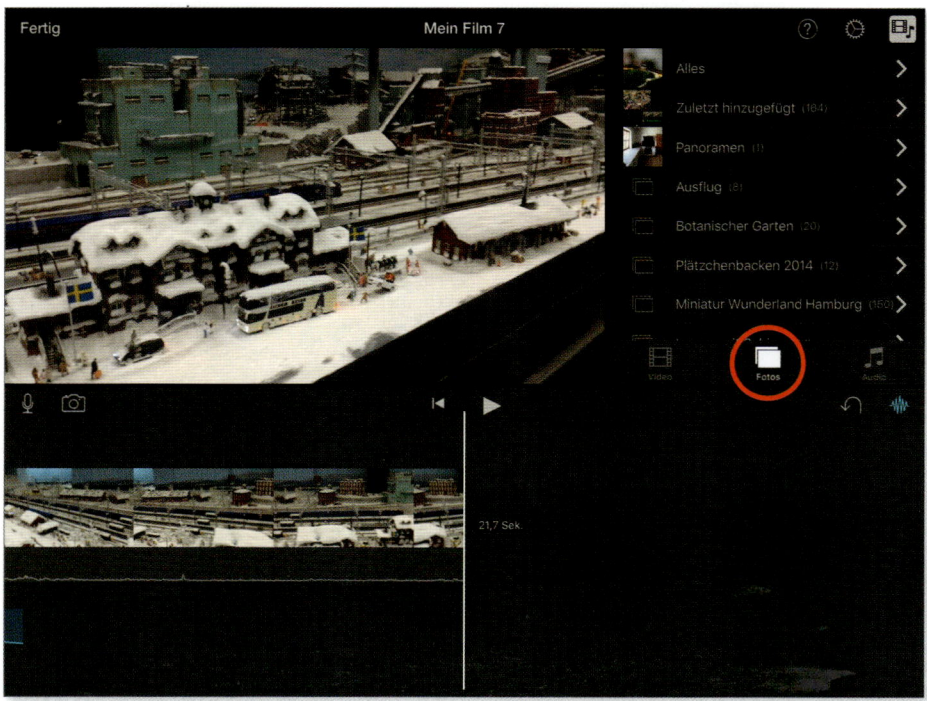

iMovie hat Zugriff auf alle Bilder der App „Fotos".

Fotos hinzufügen

Um ein Foto im Film zu platzieren, tippen Sie es in der Fotoübersicht einfach an. Es wird dann automatisch an der aktuellen Position des Abspielkopfs eingefügt. Die Standardlänge des Fotos hängt von den Übergängen ab. Sie kann zwischen drei und sechs Sekunden liegen, je nachdem, welcher Übergang vor und nach dem Foto verwendet wird.

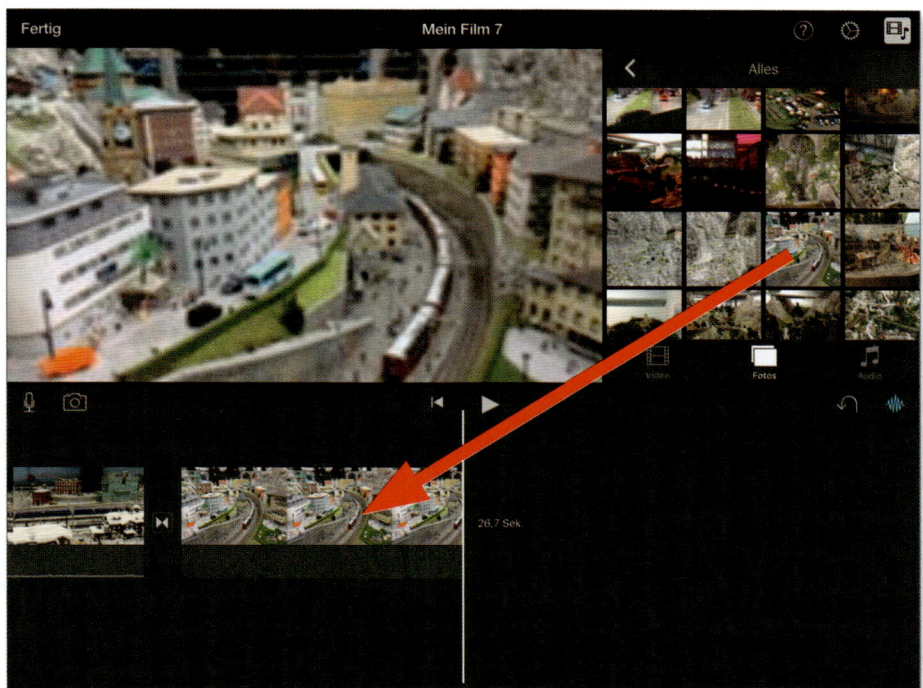

Mit einem Fingertipp wird das Foto in die Timeline übernommen.

Standbild erzeugen

Neben der Verwendung der Fotos haben Sie auch die Möglichkeit, ein Standbild von einem Filmclip zu erzeugen. Dazu markieren Sie den Filmclip und setzen in der Timeline den Abspielkopf auf das Bild, von dem Sie ein Standbild haben möchten. Anschließend wählen Sie die Funktion *Tempo* aus und danach *Standbild* r. Der Filmclip wird dadurch an der Position des Abspielkopfs getrennt, und dazwischen wird das Standbild eingefügt.

Der Abspielkopf ist positioniert …

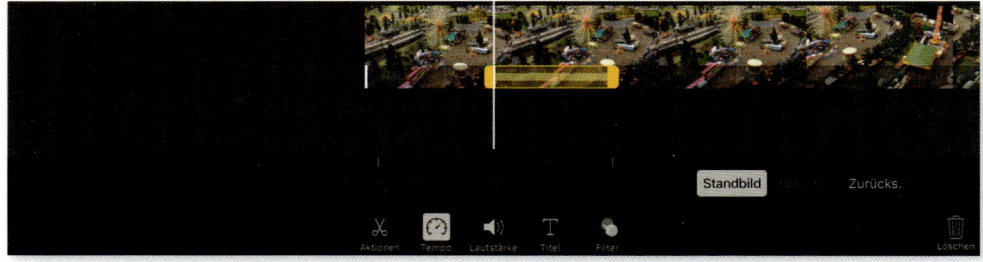

… und das Standbild kann erzeugt werden.

> **!** Ein Standbild hat standardmäßig eine Länge von zwei Sekunden und kann nachträglich noch verlängert bzw. gekürzt werden.

Dauer von Fotos und Standbilder ändern

Die Länge eines Fotos bzw. Standbilds lässt sich genauso ändern wie bei einem Filmclip. Zuerst muss das Standbild bzw. Foto in der Timeline markiert werden. Anschließend ziehen Sie den linken oder rechten gelben Balken des Auswahlrahmens länger oder kürzer. Das war's schon! Während Sie die Länge ändern, wird eine Sekundenanzeige eingeblendet, die Auskunft über die aktuelle Länge des Fotos bzw. Standbilds gibt, wie lang das Fotos bzw. Standbild nun wird.

Ken-Burns-Effekt

Damit Fotos nicht statisch im Film liegen, werden sie beim Platzieren automatisch mit einer Animation versehen, den Ken-Burns-Effekt. Dieser Effekt ist Ihnen vielleicht schon aus Fotos bekannt, wenn Sie dort eine Diashow erstellen. Bei der Animation wird in das Foto hinein- bzw. herausgezoomt. Die Animation kann nachträglich noch geändert und auch entfernt werden.

> **!** Den Ken-Burns-Effekt gibt es nur bei Fotos und nicht bei Standbildern, die einem Filmclip entnommen wurden.

Zum Ändern des Ken-Burns-Effekts muss das Foto in der Timeline ausgewählt sein. Damit werden im Viewer die Werkzeuge zum Bearbeiten des Effekts eingeblendet. Sie müssen nun das Start- und das Endbild der Animation festlegen. Dazu wählen Sie im Viewer entweder die Option für das Startbild oder für das Endbild ▶. Anschließend verschieben Sie mit einem Finger die Position des

Fotos im Viewer. Die Größe des Fotos können Sie durch das Zusammen- oder Aufziehen mit zwei Fingern ändern. Um den Ken-Burns-Effekt ein- bzw. auszuschalten tippen Sie auf dieses Symbol .

Das Aussehen des Start- und Endbilds der Animation kann im Viewer eingestellt werden.

Trailer

Ein Trailer ist ein aus einigen kurzen Filmszenen zusammengesetzter Clip zum Bewerben einer Veröffentlichung. Der Zweck eines Trailers besteht darin, dem Publikum einen Vorgeschmack auf ein Filmereignis zu geben. Trailer sind in der Filmindustrie seit jeher ein Werkzeug, um das Publikum auf einen Film neugierig zu stimmen und das Interesse dafür zu wecken. Mit iMovie haben Sie ein Werkzeug zur Hand, mit dem Sie mit wenigen Arbeitsschritten einen professionellen Trailer z. B. für einen Videoabend oder einen Blog produzieren können.

Trailer anlegen

Einen Trailer zu erstellen ist kinderleicht. Zuerst müssen Sie im Projektfenster einen neuen Trailer anlegen. Tippen Sie auf das große Pluszeichen und wählen Sie anschließend die Funktion *Trailer* aus.

In der Projektübersicht wird ein neuer Trailer erstellt.

iMovie bietet 14 verschiedene Themen an. Mit einem Mausklick auf den Abspielknopf ❶ beim jeweiligen Thema können Sie eine Vorschau abspielen lassen. Für jede Vorlage hat iMovie auch eine passende Hintergrundmusik, die vom Londoner Symphonieorchester gespielt wird.

Unterhalb des Vorschaubereichs erscheinen die Länge ❷ und die Anzahl der Darsteller ❸ für die Trailervorlage. Im Verlauf der Trailerproduktion werden Sie nämlich aufgefordert, Clips von unterschiedlichen Personen auszuwählen. Es ist also ratsam, eine Trailervorlage für die richtige Anzahl von Darstellern auszuwählen.

Welche Vorlage darf es denn sein?

! Sie sollten sich die Wahl der Trailervorlage genau überlegen, da man das Thema eines Trailers nachträglich nicht mehr ändern kann.

Haben Sie die passende Vorlage gefunden, tippen Sie auf *Erstellen* ❹, um anschließend die Clips und Einstellungen für den Trailer vorzunehmen.

Trailer zusammenstellen

Sobald Sie ein Trailerthema gewählt haben, erscheint im Projektfenster eine Anzeige mit zwei Registern. Mithilfe dieser Register werden die Informationen und die Clips für den Trailer zusammengestellt.

Übersicht

Das Register *Übersicht* enthält Informationen über den Film, wie z. B. den Filmnamen, die Namen der Darsteller, des Regisseurs oder der Produktionsleitung. Zum Ändern der Angaben müssen Sie nur auf den entsprechenden Text klicken und ihn überschreiben. Die angegebenen Daten werden für den Vorspann, den Abspann bzw. für Texteinblendungen im Trailer verwendet.

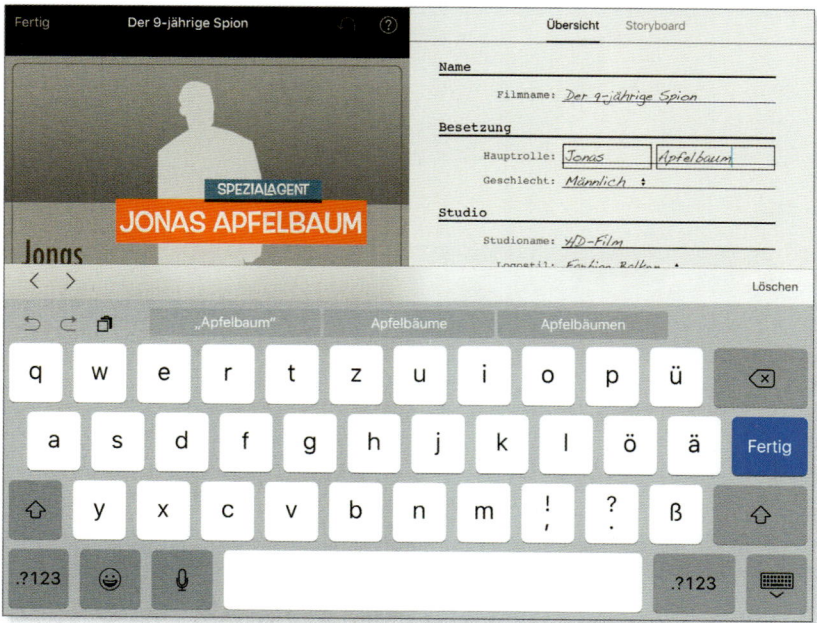

Informationen über den Film für die Verwendung im Trailer.

> **!** Die Infos können zu jedem Zeitpunkt editiert werden. Es ist also nicht nötig, die Eingaben gleich zu Beginn der Trailerproduktion zu tätigen. Sie können sie durchaus auch erst zum Schluss machen. Wichtig ist nur, dass keines der Felder leer sein darf, da ansonsten der Trailer nicht exportiert werden kann.

Storyboard

Im Register *Storyboard* werden schließlich die Clips und die Texte für den Trailer angegeben. Die Clipreihenfolge ist von einem Schema vorgegeben, das durch Platzhalter gekennzeichnet ist. Sie müssen eigentlich nur den Platzhalter im Projektfenster anklicken und dann aus Ihrer Mediathek den gewünschten Clip auswählen ❷. iMovie springt danach sofort zum nächsten Platzhalter. Sie brauchen also nur nacheinander die gewünschten Clips auszuwählen. Jede Clipauswahl befördert Sie automatisch zum nächsten Platzhalter. Sie müssen sich beim Platzieren aber nicht an diese Reihenfolge halten. Sie können einen beliebigen Platzhalter im Storyboard auswählen und dort einen Filmclip einfügen.

> **!** Sie können anstatt der Filmclips auch Fotos verwenden, dazu müssen Sie in der Mediathek nur zur Übersicht ❸ wechseln.

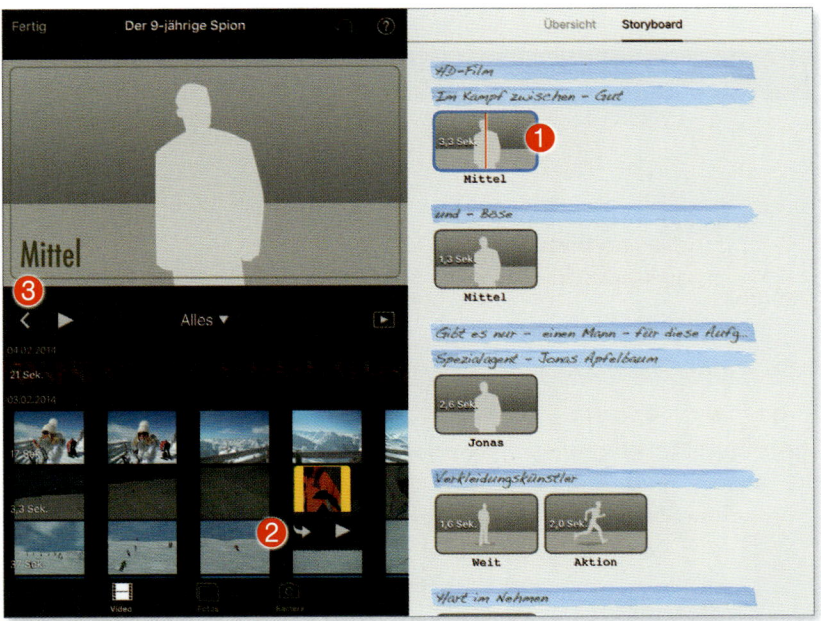

Die Clips für den Trailer werden in der Mediathek ausgewählt und hinzugefügt.

Zwischen den platzierten Clips sehen Sie einzelne Textzeilen. Diese Zeilen beinhalten den Text, der im Trailer eingeblendet wird. Er kann von Ihnen editiert werden, wenn Sie ihn antippen. Der Text wird dadurch markiert und kann überschrieben werden.

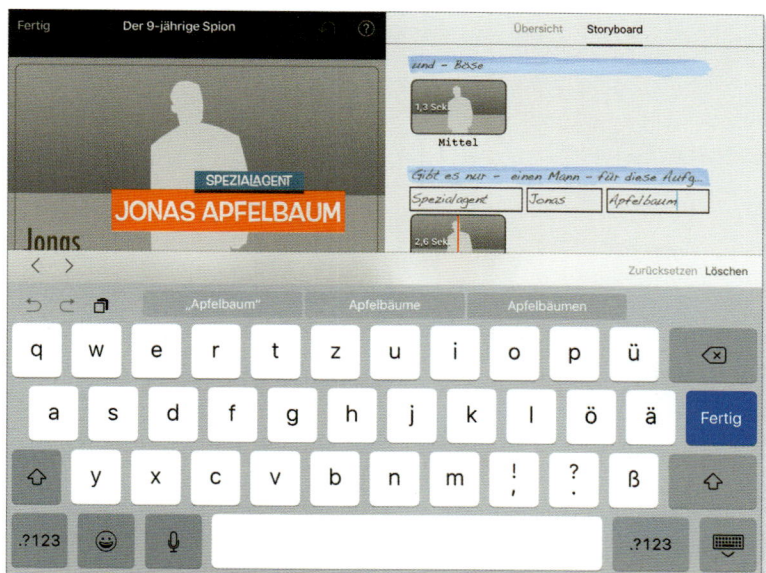

Auch die Texte des Trailers lassen sich bearbeiten.

Feintuning

Die verwendeten Clips bzw. Clipausschnitte können Sie noch etwas genauer bestimmen als in der Mediathek. Wenn Sie einen Clip im *Storyboard* auswählen, wird anstatt der Mediathek ein Bearbeitungsbereich eingeblendet. Dort können Sie mit dem gelben Auswahlrahmen ❶ den Bereich des Clips, der verwendet werden soll, besser bestimmen.

Des Weiteren gibt es mehrere Vorschaumöglichkeiten. Mit der Taste ❷ erhalten Sie nur eine Vorschau des ausgewählten Clipbereichs. Die Playtaste ❸ bewirkt eine Vorschau des gesamten Trailers. Und wenn Sie den ganzen Trailer im Vollbildmodus sehen wollen, verwenden Sie die Taste ❹.

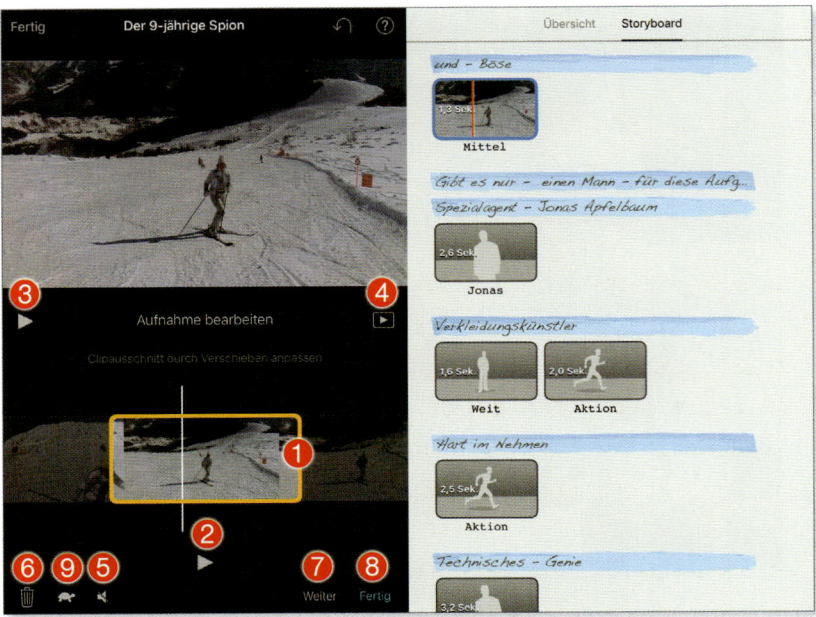

Die Feinjustierung der Clipauswahl für den Trailer.

Da ein Trailer eigene Musik und Toneffekte verwendet, sind bei den Filmclips die Tonspuren normalerweise stumm geschaltet. Sie können dies aber aufheben, wenn Sie auf das Lautsprechersymbol ❺ tippen. Damit werden dann die Musik des Trailers und die Tonspur des Clips gleichzeitig abgespielt.

Über den Mülleimer ❻ können Sie den aktuellen Clip aus dem Trailer entfernen. Um zum nächsten Clip im Trailer zu gelangen, verwenden Sie die Taste *Weiter* ❼. Und mit der Taste *Fertig* ❽ wird die Bearbeitung des Clips abgeschlossen. Das Schildkrötensymbol ❾ bewirkt einen Zeitlupeneffekt für den ausgewählten Clipbereich.

 Falls Sie ein Foto im Trailer verwenden, können Sie in der Feinjustierung den Ken-Burns-Effekt genau einstellen. Dazu wird jeweils das Start- und das Endbild bearbeitet.

Trailer exportieren

Fertige Trailer lassen sich wie jedes andere Filmprojekt ganz einfach exportieren. Dazu verwenden Sie die Funktion *Bereitstellen*, um den Trailer z. B. per E-Mail zu verschicken (siehe nächsten Abschnitt).

Filme veröffentlichen bzw. exportieren

Nachdem der Filmschnitt fertig ist, ist es an der Zeit, den fertigen Film zu veröffentlichen. Optimieren Sie Ihren Film zuletzt für die verschiedenen Zwecke, wie z. B. zum Hochladen zu YouTube oder zum Versand per E-Mail, und stellen Sie ihn bereit bzw. veröffentlichen Sie ihn. Die Weitergabe der fertigen Filme und Trailer findet in der Projektübersicht statt.

Wenn Sie einen Film oder Trailer antippen, öffnen sich die Filminformationen. Dort gibt es den Button *Bereitstellen* ⬆. Dieser bietet unterschiedliche Möglichkeiten, den Film bzw. Trailer zu exportieren.

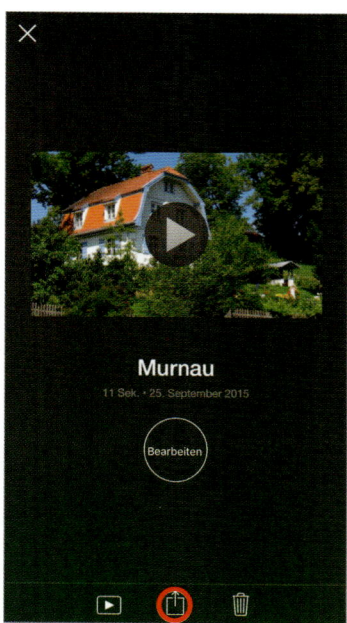 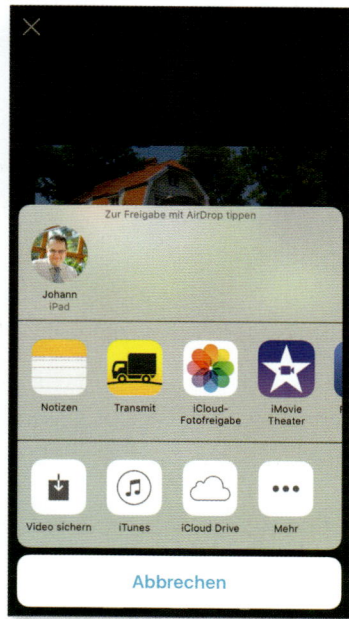

Es gibt eine Menge Möglichkeiten, einen Film oder Trailer weiterzugeben.

> **!** In iMovie werden nicht nur fertige Filme oder Trailer exportiert. Wenn Sie in die Übersicht **Video** wechseln, können Sie auch einzelne Filmclips bzw. ausgewählte Clipbereiche weitergeben.

AirDrop

AirDrop ist eine tolle Funktion von iOS, um Daten von Ihrem Gerät auf ein anderes in der unmittelbaren Umgebung zu verschicken, also eine direkte Übertragung von Gerät zu Gerät durchzuführen.

> **!** Im Gegensatz zu den restlichen Bereitstellen-Funktionen wird beim Einsatz von AirDrop das gesamte Projekt inklusive der verwendeten Clips übertragen. Damit können Sie also die Schnittdateien auf ein anderes iOS-Gerät übertragen und dort weiterbearbeiten. Wenn Sie also z. B. auf dem iPhone begonnen haben, einen Film zu schneiden, können Sie das Projekt zu Ihrem iPad übertragen und dort den Schnitt weiterführen.

Um AirDrop zu verwenden, müssen auf beiden Geräten sowohl WLAN als auch Bluetooth aktiviert sein und die Freigabe zum Empfang bzw. Senden von Daten. Sind auf beiden Geräten diese Bedingungen erfüllt, erscheint der Kontakt automatisch im oberen Bereich.

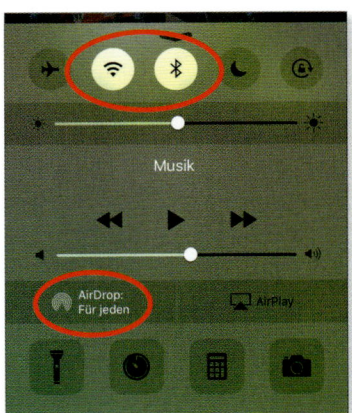 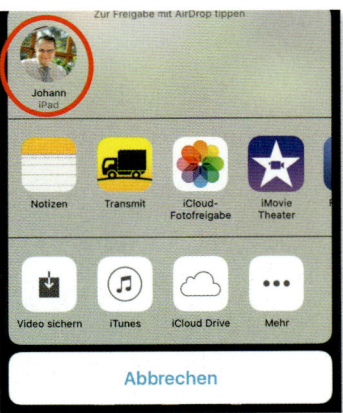

Sind die Voraussetzungen für AirDrop erfüllt (links), erscheint der Kontakt bzw. das andere Gerät bei der AirDrop-Freigabe (rechts).

Als Nächstes müssen Sie den Kontakt antippen, um auszuwählen, was übertragen werden soll, nur die Videodatei oder das ganze iMovie-Projekt. Sobald diese Frage beantwortet ist, beginnt die Übertragung des Projekts.

Entscheiden Sie vor der Übertragung, was gesendet werden soll (links).
Der Empfänger muss die Übertragung noch genehmigen (rechts).

Nach der Übertragung wird das Projekt geöffnet und kann von Ihnen bearbeitet werden.

> **!** Auf die gleiche Weise können Sie auch einzelne Filmclips von einem Gerät zum anderen übertragen. Das funktioniert nicht nur in iMovie, sondern auch in der App **Fotos**. AirDrop funktioniert auch zwischen iPad/iPhone und einem Mac. Dazu muss auf dem Mac mindestens OS X 10.9 (Mavericks) installiert sein.

iMovie Theater

Bei der Veröffentlichung im *iMovie Theater* wird Ihr iCloud-Zugang verwendet, um den Film auf anderen Geräten bereitzustellen. Wenn Sie einen Film, Trailer oder Clip zum Theater hinzufügen, erstellt iMovie passende Versionen für die Wiedergabe auf dem Rechner (1080p HD), die Wiedergabe auf iOS-Geräten (720p HD) und das Streaming im Internet (480p SD). Weitere Informationen zu iCloud und dem Theater finden Sie im Kapitel „iCloud und iMovie Theater" ab Seite 174.

YouTube, Facebook, Vimeo, CNN iReport

iMovie bietet dem Anwender auch die Möglichkeit, den fertigen Film auf verschiedenen Internetplattformen zu veröffentlichen. Dazu benötigen Sie für die jeweiligen Plattformen einen gültigen Account bzw. die Zugangsdaten.

Wenn Sie eine der Plattformen aus der Funktion *Bereitstellen* wählen, öffnet iMovie das Exportfenster, in dem Sie neben der Größe auch eine Beschreibung angeben können. Je nach gewählter Plattform können Sie die verschiedenen Kategorien bestimmen, in denen der Film einsortiert werden soll. Wichtig ist wieder die Größe des exportierten Films.

> **!** Bedenken Sie: Je größer der exportierte Film ist, desto größer die Datenmenge, die im Internet übertragen werden muss.

Nachricht und E-Mail

Sie können einen fertigen Film auch direkt per Nachricht (iMessage bzw. MMS) oder E-Mail an eine Person bzw. mehrere schicken. Im Gegensatz zu vielen anderen Bereitstellen-Funktionen können Sie bei der Weitergabe per Nachricht bzw. E-Mail die Größe des Films nicht festlegen. iMovie verwendet eine feste Ausgabegröße (640 x 360 Pixel), damit die Übertragung nicht zu lange dauert.

Ein Film kann auch per Nachricht (links) oder E-Mail (rechts) verschickt werden.

Bedenken Sie beim Versenden per Nachricht bitte daran, dass es unter Umständen sehr teuer werden kann, wenn Sie den Film per SMS bzw. MMS verschicken. Nur der Versand als iMessage ist kostenlos. Eine iMessage können Sie an der blauen Färbung des Empfängernamens erkennen, dieser Dienst funktioniert nur zwischen Apple-Geräten. Bei SMS und MMS werden die Namen in Grün dargestellt.

Video sichern

Eine weitere Möglichkeit des Exports ist die Sicherung des fertigen Films in der App *Fotos*. Dabei wird der exportierte Film im Album *Videos* auf dem iPhone bzw. iPad einsortiert. Wenn Sie die Funktion *Video sichern* verwenden, müssen Sie noch die Größe des exportierten Films bestimmen. Ist das geschehen, wird der Film in der ausgewählten Größe generiert und automatisch der App *Fotos* hinzugefügt. Vor dort aus können Sie den Film z. B. in einem Fotostream bei iCloud veröffentlichen.

Für den Export muss noch die Größe bestimmt werden (links), damit der exportierte Film im Album „Aufnahmen" hinzugefügt wird (rechts).

Die Auswahl der Exportgrößen hängt vom verwendeten Videomaterial ab. Wenn Sie z. B. nur Filmclips in HD-Auflösung (1280 x 720 Pixel) verwendet haben, steht Ihnen die Exportgröße **HD – 1080p** nicht zur Verfügung.

iTunes

Mit AirDrop haben Sie bereits einen Weg kennengelernt, um ganze Projekte auf ein anderes Gerät zu übertragen. Mit der Funktion *iTunes* bekommen Sie eine zweite Option, nicht nur Projekte zu übertragen, sondern auch auf einem Rechner zu sichern.

Filme veröffentlichen bzw. exportieren

Der Weg zu iTunes erfordert als ersten Arbeitsschritt den Export in iMovie auf dem iPad bzw. iPhone. Wenn Sie auf die Option *iTunes* bei *Bereitstellen* tippen, wird das Projekt verpackt. Alle wichtigen Daten, die das Projekt benötigt, werden also zusammengefasst. Im nächsten Schritt müssen Sie iTunes auf Ihrem Rechner öffnen.

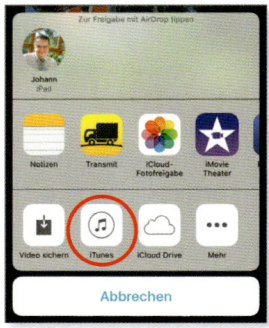  

Der Film wurde für iTunes exportiert.

In iTunes öffnen Sie die Funktionen für das angezeigte Gerät ❶ und wechseln dort zu der Kategorie *Apps* ❷. Im unteren Bereich finden Sie die *Dateifreigabe* mit *iMovie* ❸ in der Liste. Wenn Sie darauf klicken, erscheint im rechten Bereich das exportierte Filmprojekt ❹. Markieren Sie es und speichern Sie es mit der Schaltfläche *Sichern unter* ❺ auf Ihrem Rechner. Von dort aus können Sie es archivieren oder auf ein anderes Gerät übertragen.

Das exportierte Filmprojekt von iMovie ist nun in iTunes auf dem Rechner verfügbar und kann gesichert werden.

 Die iMovie-Projekte vom iPad oder iPhone können nicht mit iMovie auf dem Mac weiterverarbeitet werden. Das gilt natürlich auch umgekehrt.

Kapitel 3 iMovie Theater

Auf den Seiten 97 und 167 haben Sie erfahren, wie Sie einen fertigen
iMovie-Film exportieren bzw. veröffentlichen. Dabei wurde auch die
Option iMovie Theater erwähnt. Was ist das iMovie Theater?
Kurz gesagt: es ist eine Plattform, um fertige Filme zu präsentieren.
Die Plattform wird von Apple betrieben und ist Bestandteil von iCloud,
dem kostenlosen Cloud-Dienst von Apple. Das bedeutet, Sie benötigen
einen iCloud-Account, um Filme in iMovie Theater hochzuladen.
Das Gute an der iCloud-Anbindung ist, dass die hochgeladenen
Filme nicht öffentlich sind, da sie an Ihren iCloud-Account gebunden
sind. Sie allein entscheiden, wer die Filme sehen darf.
Das iMovie Theater bietet Ihnen die Möglichkeit, Filme auf Ihren unterschiedlichen
Geräten (Mac, iPhone, iPad, Apple TV) anzusehen und zu speichern. Wenn
Sie also auf dem Mac mit iMovie einen Film geschnitten haben, können
Sie ihn ins iMovie Theater hochladen und dann unterwegs auf Ihrem
iPhone oder iPad ansehen. Da die Filme in der iCloud gesichert werden,
hat jedes Ihrer Geräte mit iCloud-Anbindung Zugriff auf die Filme.

Voraussetzungen

Wie bereits erwähnt, benötigen Sie einen iCloud-Account, damit Sie die iMovie-Filme in iMovie Theater speichern können. Das ist aber nicht alles, der iCloud-Account muss auf Ihrem Rechner bzw. auf den iOS-Geräten noch entsprechend konfiguriert werden. Sie müssen Ihren Geräten die Erlaubnis geben, iCloud Drive zu verwenden.

Mac

Auf dem Mac öffnen Sie zuerst die *Systemeinstellungen* und anschließend die Einstellungen zu *iCloud*. In den iCloud-Einstellungen finden Sie die Kategorie *iCloud Drive*. Wenn Sie dort auf die Schaltfläche *Optionen* klicken, öffnet sich ein Fenster, in dem Sie festlegen können, welche Programme ihre Daten in der iCloud speichern dürfen. Hier ist auch iMovie aufgelistet. Ist das Häkchen gesetzt, hat iMovie Zugang zu iCloud, und iMovie Theater kann genutzt werden.

Unter „Systemeinstellungen –> iCloud" finden Sie die Einstellungen für „iCloud Drive", um in iMovie Daten bei iCloud abzulegen.

iPhone und iPad

Auch auf dem iPhone bzw. iPad gibt es eine Einstellung, die regelt, ob iMovie Daten in der iCloud speichern darf oder nicht. Unter *Einstellungen –> iCloud –> iCloud Drive* ist die App *iMovie* aufgelistet. Über den Schalter bestimmen Sie, ob iMovie Zugriff auf die iCloud haben darf.

Auch auf den iOS-Geräten muss der Zugriff auf iCloud Drive aktiviert werden.

> **!** Standardmäßig ist der Zugriff von iMovie auf iCloud auf dem Mac und den iOS-Geräten aktiviert. Sie müssen die Einstellung also nur kontrollieren, falls es Probleme bei der Anzeige oder beim Hochladen gibt.

Filme in iMovie Theater hochladen

Die Übertragung von fertigen Filmen in iMovie Theater ist eine sehr einfache Sache. Wie bereits auf Seite 97 und Seite 167 erklärt, benötigen Sie die Funktion *Bereitstellen*. Dort wählen Sie *iMovie Theater* als Ziel aus, und iMovie beginnt nun, den Film in verschiedenen Auflösungen zu generieren und in die iCloud hochzuladen. Je nach Größe des Films kann dies einige Minuten in Anspruch nehmen.

> **!** Bitte beachten Sie, dass Filme, die länger als 15 Minuten sind, nicht in die iCloud bzw. in iMovie Theater hochgeladen werden können.

Filme in iMovie Theater hochladen

Ein Film wird auf dem iPad in iMovie Theater hochgeladen …

… und ist dann nach kurzer Zeit sowohl auf dem Mac (links) als auch auf dem iPhone (rechts) im „iMovie Theater" verfügbar.

Filme auf dem iPhone oder iPad herunterladen oder streamen?

Was kann man nun mit dem Film in iMovie Theater machen? Nun – ganz einfach – abspielen! Dazu gibt es zwei verschiedene Möglichkeiten. Entweder Sie laden den Film erst komplett auf das Gerät herunter, um ihn so z. B. jederzeit anzusehen, auch wenn keine Internetverbindung besteht, oder Sie streamen ihn. Streamen bedeutet, der Film wird einmalig für das Abspielen heruntergeladen, aber nicht gespeichert. Nach dem Abspielen wird der Film wieder aus dem Speicher gelöscht. Das Streamen bietet den Vorteil, dass der Speicher Ihres iPhones oder iPads nicht belastet wird, aber Sie benötigen dafür immer eine Internetverbindung.

> **!** Die Streaming-Funktion steht nur in iMovie auf dem iPhone und iPad zur Verfügung. Am Mac werden die Filme von iMovie Theater automatisch auf den Rechner heruntergeladen und dort gespeichert.

Die Funktionen für einen Film, der sich in iMovie Theater befindet.

Wenn Sie einen Film im Bereich *Theater* auf dem iPhone oder iPad antippen, werden die Informationen geöffnet. Dort können Sie den Film nun abspielen ❶ und die Länge und das Datum ❷ erfahren. Ein Fingertipp auf das Wolkensymbol lädt und speichert den Film auf dem Gerät. Das iCloud-Symbol erscheint nur, wenn der Film noch nicht heruntergeladen und gespeichert ist. Sie können das auch noch zusätzlich an der Bezeichnung *HD aus* ❹ und dem Wolkensymbol im Vorschaubild ❺ erkennen. Nur geladene und gespeicherte Filme können in HD-Qualität abgespielt werden.

Sobald ein Film heruntergeladen und auf dem Gerät gespeichert ist, kann er auf andere Arten weiterverteilt bzw. exportiert werden. Dafür können Sie die Funktion *Bereitstellen* ❻ verwenden. Mit dem Mülleimersymbol ❼ kann der Film wieder entfernt werden. Dazu später aber noch mehr.

> **!** Bei Filmen, die bereits heruntergeladen oder dessen Projektdateien auf dem Gerät gespeichert sind, erscheinen die iCloud-Symbole nicht.

Dieser Film ist bereits heruntergeladen, und deswegen sind die iCloud-Symbole nicht mehr eingeblendet.

Bereitstellen auf dem Mac

Auch die iMovie-Version auf dem Mac besitzt eine *Bereitstellen*-Funktion, um Filme von iMovie Theater für andere Zwecke weiterzuverwenden. Dazu müssen Sie im Bereich *Theater* nur auf die Funktion *Bereitstellen* in der Symbolleiste klicken. In dem daraufhin geöffneten Menü finden Sie die bekannten Möglichkeiten, um den Film weiterzuleiten bzw. zu exportieren.

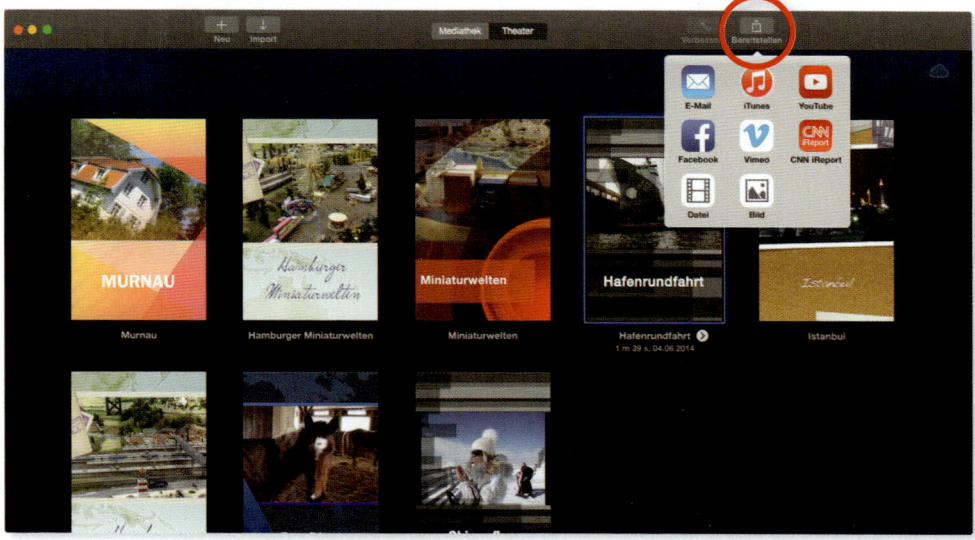

Filme aus dem Theater können in iMovie auf dem Mac auch weiterverwendet werden.

Umbenennen

Zur besseren Verwaltung können die Filme im Theater auch umbenannt werden. Das funktioniert auf den iOS-Geräten dadurch, dass Sie mit dem Finger einfach den Namen antippen und anschließend überschreiben.

Der Name des Films kann geändert werden.

Auf dem Mac können Sie zum Ändern des Namens das Kontextmenü verwenden. Dieses öffnen Sie, indem Sie auf den kleinen Pfeil neben dem Namen klicken. Im Menü wählen Sie dann die Funktion *Umbenennen* und überschreiben anschließend den Namen.

Löschen

Die Filme, die Sie in iMovie Theater hochgeladen haben, können auch wieder entfernt werden. Dazu wird auf dem iPhone/iPad das kleine Mülleimersymbol 🗑 verwendet und auf dem Mac das Kontextmenü ❯ mit der Funktion *Von iCloud löschen*.

Beim Entfernen ist es entscheidend, ob der Film auf dem iPhone/iPad gespeichert ist oder nur in der iCloud liegt. Je nachdem, welche Bedingungen vorliegen, stehen Ihnen drei Löschmöglichkeiten zur Verfügung.

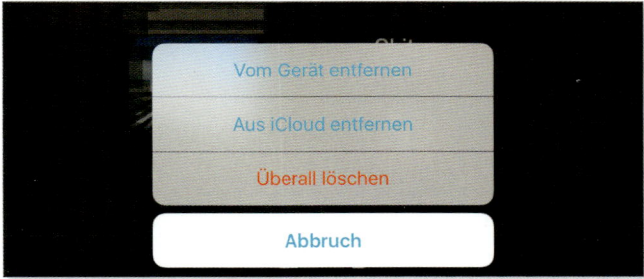

Dieser Film bietet drei Auswahlmöglichkeiten zum Entfernen.

- *Vom Gerät entfernen (nur iPhone/iPad):* Damit wird der Film vom iPad bzw. iPhone entfernt, ist aber jederzeit noch in der iCloud verfügbar und kann somit zu einem späteren Zeitpunkt erneut geladen werden. Diese Funktion ist nur verfügbar, wenn der Film auf dem iPhone/iPad gesichert wurde. An dem iCloud-Symbol können Sie erkennen, dass der Film in der iCloud gesichert ist und heruntergeladen werden kann.

Der linke Film ist nicht mehr auf dem Gerät gesichert, sondern nur noch in der iCloud. Beim rechten Film erscheint ein anderes Symbol, weil er von der iCloud entfernt wurde und nur noch auf dem Gerät gesichert ist.

- *Aus iCloud entfernen (iPhone/iPad)* bzw. *Aus iCloud löschen (Mac):* **Durch** diese Funktion wird der Film in der iCloud entfernt, ist aber noch auf allen Geräten verfügbar, auf denen der Film zuvor heruntergeladen und gespeichert wurde. Der Film kann später wieder hochgeladen werden. Sie können dies am iCloud-Symbol im Vorschaubild erkennen.
- *Überall löschen (iPhone/iPad)* bzw. *Löschen (Mac):* **Damit wird der Film** sowohl auf dem Gerät als auch in der iCloud gelöscht. Um ihn wieder für die anderen Geräte verfügbar zu machen, muss er erneut in iMovie Theater mithilfe der Funktion *Bereitstellen* hochgeladen werden.

Apple TV

Neben dem Mac, dem iPhone und iPad kann auch ein Apple TV auf iMovie Theater zugreifen. Damit haben Sie die Möglichkeit, Ihre fertigen Filme auf einem HD-Fernseher gemeinsam mit Ihren Liebsten anzusehen. Da das Apple TV nur dazu da ist, Filme abzuspielen, können Sie natürlich die Filme nicht auf dem Gerät speichern.

iMovie Theater finden Sie auf der Startseite von Apple TV. Wenn Sie es aktivieren, stellt das Gerät eine Verbindung zur iCloud her und listet alle Filme auf, die dort vorhanden sind. Sie müssen dann nur noch den gewünschten Film auswählen, und schon kann der Filmabend beginnen.

iMovie Theater auf der Startseite des Apple TV.

Kapitel 4 Der Vergleich

In den vorangegangenen Kapiteln haben Sie nun die beiden iMovie-Versionen ausführlich kennengelernt. Wie Sie sicher bemerkt haben, unterscheidet sich die Funktionalität von iMovie am Mac von der mobilen Version für die iOS-Geräte. Sogar zwischen iMovie auf dem iPad und iMovie auf dem iPhone lassen sich Unterschiede feststellen. Damit Sie in Zukunft sicher entscheiden können, auf welcher Plattform Sie arbeiten wollen, folgt nun eine Tabelle, die den Funktionsumfang der iMovie-Versionen übersichtlich darstellt.

Funktion	Mac	iPad	iPhone/ iPod touch
Import			
Dateien	Ja	Ja	Ja
Direkte Aufnahme von Videos	Ja	Ja	Ja
Import von angeschlossenen Kameras	Ja	Nein	Nein
iCloud Drive	Ja	Ja	Ja
Verwaltung			
Favoriten-Funktion	Ja	Ja	Ja
Eigene Mediatheken	Ja	Nein	Nein
Eigene Ereignisse	Ja	Nein	Nein
Suchfunktion	Ja	Ja	Ja
Anzahl der Filmthemen	15	8	8
Anzahl der Trailerthemen	17	14	14
Clipbearbeitung			
Präzisions-Editor für Übergänge	Ja	Ja	Nein
Karten und Hintergründe	Ja	Nein	Nein
Anzahl der Übergänge	24	5	5
Anzahl der Titel	44	9	9
Schriftart, Größe und Farbe bei Titeln ändern	Ja	Nein	Nein
Clipgeschwindigkeit ändern	Ja	Ja	Ja
Clips rückwärts abspielen	Ja	Nein	Nein
Clips drehen	Ja	Ja	Ja
Clips skalieren	Ja	Ja	Ja
Clips spiegeln	Ja	Nein	Nein
Farbkorrekturen und Verbesserungen	Ja	Nein	Nein

Funktion	Mac	iPad	iPhone/ iPod touch
Videos stabilisieren	Ja	Nein	Nein
Videoeffekte	20	Nein	Nein
Bild-in-Bild-Funktion	Ja	Ja	Ja
Zwischenschnitt	Ja	Ja	Ja
Nebeneinander	Ja	Ja	Ja
Green-/Bluescreen	Ja	Nein	Nein
Audiobearbeitung			
Audiowellen einblenden	Ja	Ja	Nein
Präzisions-Editor für Audiospuren	Ja	Ja	Nein
Hintergrundmusik	Ja	Ja	Ja
Toneffekte	Ja	Ja	Ja
Anzahl der Audiospuren	19 plus Hintergrundmusik	3 plus Hintergrundmusik	3 plus Hintergrundmusik
Keyframes	Ja	Nein	Nein
Automatisches Ein-/ Ausblenden	Ja	Ja	Ja
VoiceOver	Ja	Ja	Ja
Audioeffekte	Ja	Nein	Nein
Fotobearbeitung			
Ken-Burns-Effekt	Ja	Ja	Ja
Standbilder von Filmclips	Ja	Ja	Ja
Dauer bearbeiten	Ja	Ja	Ja
Aussehen von Fotos bearbeiten (Farbe, Helligkeit, Effekte)	Ja	Nein	Nein
Freigabe und Export			
Facebook	Ja	Ja	Ja
YouTube	Ja	Ja	Ja

Funktion	Mac	iPad	iPhone/ iPod touch
Vimeo	Ja	Ja	Ja
CNN iReport	Ja	Ja	Ja
E-Mail	Ja	Ja	Ja
Nachricht (iMessage/MMS)	Nein	Ja	Ja
Datei	Ja	Ja – Speicherung als Video in der App „Fotos"	Ja – Speicherung als Video in der App „Fotos"
iMovie Theater (iCloud)	Ja	Ja	Ja
iTunes	Ja – nur fertige Filme	Ja	Ja
AirDrop	Nein	Ja	Ja

Index

Weitere interessante Bücher
rund um das Thema Apple, iPhone und iPad finden Sie
unter www.amac-buch.de.